APRENDER TOCAR E CRIAR AO PIANO

Repertório e Harmonia

• PROFESSORA •
Abigail

Nº Cat.: 398-M

CB047034

Irmãos Vitale S.A. Indústria e Comércio
www.vitale.com.br
Rua França Pinto, 42 Vila Mariana São Paulo SP
CEP: 04016-000 Tel.: 11 5081-9499 Fax: 11 5574-7388

CIP-BRASIL. CATALOGAÇÃO NA FONTE
SINDICATO NACIONAL DOS EDITORES DE LIVROS - RJ.

S578a
Abigail, Professora
Aprender, tocar e criar ao piano : repertório e harmonia / Professora Abigail.
- São Paulo : Irmãos Vitale, 2009.
96p.

Contém exercícios
ISBN 978-85-7407-244-9

1. Piano - instrução e estudo.
I. Título.
09-0234.
CDD: 786.21
CDU: 786.2

Créditos

Editoração:
Willian Kobata

Capa:
Débora Freitas

Coordenação editorial e ilustração da capa:
Flávio Carrara De Capua

Revisão ortográfica:
Marcos Roque

Produção executiva:
Fernando Vitale

* Todas as partituras e composições musicais presentes neste livro são de autoria da professora Abigail R. Silva e editadas por Irmãos Vitale S.A. Indústria e Comércio.

Sumário

Repertório

Harmonia

Apresentação

Repertório

O objetivo deste trabalho é atender às necessidade de professores de piano com um material didático que vise não somente o aprendizado do instrumento, mas o conhecimento musical e, com muita ênfase, a *criatividade*.

1ª parte

Apresentamos, na 1ª parte, pequenas peças nos modos maior e menor.

Mudar o modo de uma música é uma atividade interessante e o resultado pode ser comparado à troca de figurino de um ator, levando o aluno a "sentir" a mudança na troca da escala: maior e menor. Faça essa experiência e observe a diferença na interpretação de cada modo.

Através dos encadeamentos, fazemos, neste livro, uma evolução da harmonia. Após dominar alguns encadeamentos, o aluno poderá fazer transposições. As variações também devem ser aplicadas. Para tanto, verifique os exemplos realizados pelos alunos de nosso curso de piano no final desta obra.

2ª parte

Cada assunto abordado aqui pode ser trabalhado a qualquer momento: são independentes. Assim, na 2ª parte, apresentamos exercícios para o aprendizado da clave de Fá. Ao mesmo tempo, o aluno fará exercícios de harmonização e de coordenação.

3ª parte

Nosso ouvido está muito condicionado ao sistema tonal. Esse é um dos motivos porque, desde as primeiras aulas, procuramos introduzir outras escalas, tais como os modos. O que apresentamos aqui é apenas uma introdução daquilo que o aluno deverá desenvolver nos próximos anos de estudo do piano.

Harmonia

O piano é um instrumento harmônico e o aluno começa tocando melodia e acompanhamento. Por esse motivo, associamos o estudo dos acordes ao repertório. O desenvolvimento e a aplicação da harmonia com alunos principiantes encontram-se no *Guia do Professor*. Contudo, é bom lembrar que todo procedimento do ensino da nossa proposta visa o aprendizado pela prática. Todo conhecimento deve ser aplicado.

BIOGRAFIA

Abigail R. Silva

Filha de violinista e neta de flautista, cresceu cercada por diversos instrumentistas. A música, portanto, sempre foi algo natural em sua vida. Começou a aprender piano aos 7 anos de idade para acompanhar o pai e, a partir de então, iniciou uma trajetória baseada na apreensão e transmissão da linguagem musical.

Professora por excelência, Abigail R. Silva obteve sua primeira licenciatura no Conservatório Musical de Lins (SP). Seguiram-se os diplomas de magistério, pelo Instituto Americano de Lins (SP); de professora de acordeão e pedagogia aplicada à música, pelo Conservatório Musical do Jardim América (SP); e de licenciatura em educação artística, com especialização em música, pela Faculdade Paulista de Música.

Fundou, juntamente com seu pai, o Conservatório Musical de Santo Amaro (SP), onde lecionou, durante 30 anos, piano, acordeão, folclore, pedagogia e canto coral. Em Curitiba, criou a Escola de Música Professora Abigail. Nos anos 1970, teve início um processo que marcou profundamente o seu percurso musical: especializou-se no ensino de piano em grupo pelo método de Robert Pace, Universidade Columbia (NY). A proposta do método era formar músicos, não apenas pianistas de grande técnica ou simples reprodutores de partituras. Sua didática valorizava o improviso e a criatividade. Traduziu algumas obras de Pace para a língua portuguesa e iniciou um trabalho de aplicação da didática do mestre criando peças ao estilo brasileiro, o que culminou com a publicação da presente obra.

Ao longo dos anos, tem buscado novas fontes de conhecimento com professores de renome internacional na música erudita e na música popular. Atualmente, Abigail R. Silva ministra aulas de piano em grupo no Conservatório de MPB (Música Popular Brasileira) de Curitiba. Realiza palestras e cursos de capacitação para a aplicação dessa nova maneira de aprender música através do piano.

Alegria

I-V7-I

Abigail R. Silva

Na música acima e nas próximas toca-se a mão esquerda pela cifra que foi trabalhada no pentacorde. Se o aluno tiver facilidade, pode tocar com acorde em bloco, caso contrário, a opção das duas notas é a mais indicada. Observar que as notas escritas são do acorde (1ª e 5ª) (3ª e 1ª). A leitura da clave de Fá fica para mais adiante.

Importante fazer o solfejo melódico antes de tocar.

Nosso Planeta

Letra da aluna Laura Amaral
2003 – Idade: 8 anos.

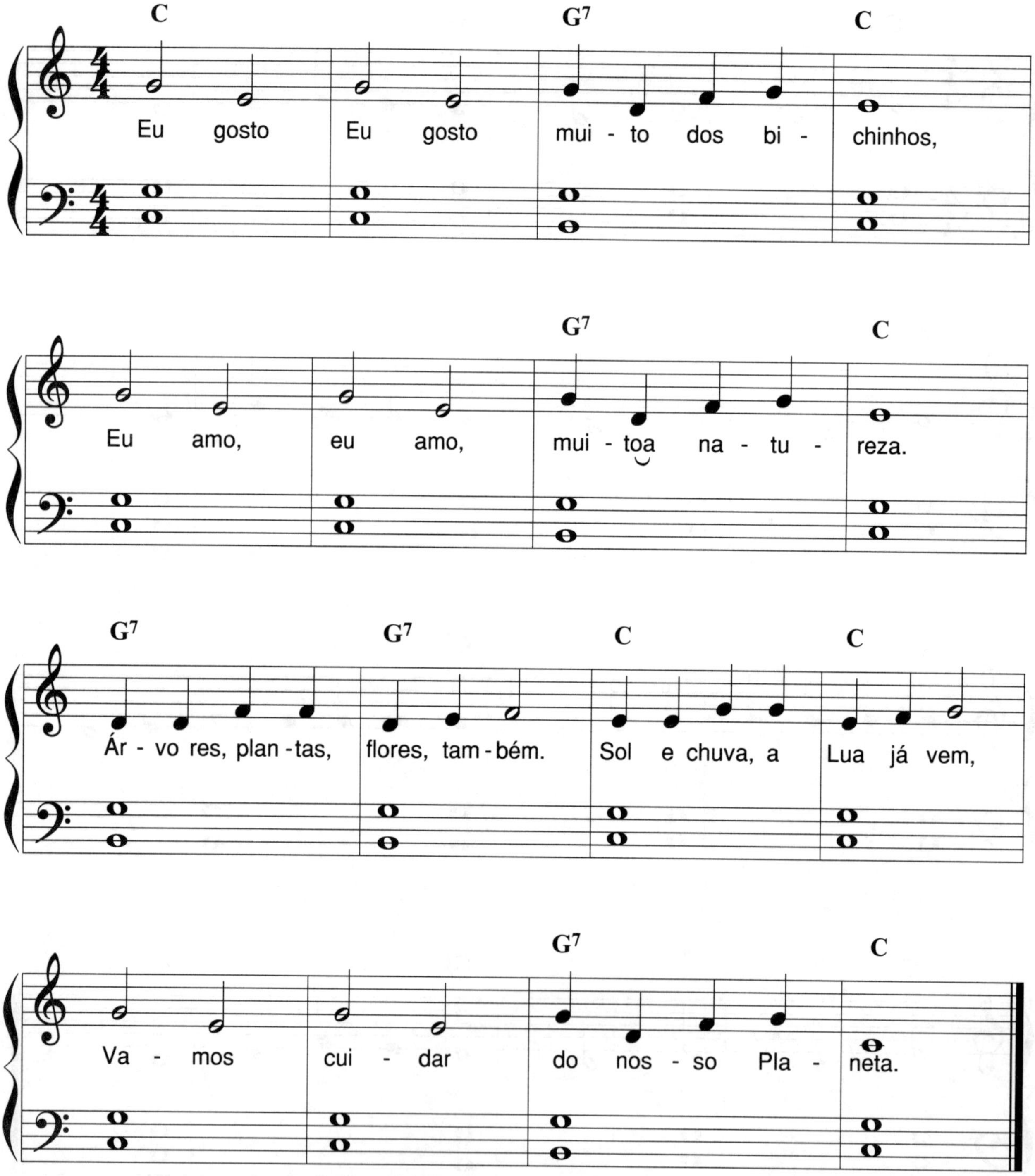
C G7 C
Eu gosto Eu gosto mui - to dos bi - chinhos,
G7 C
Eu amo, eu amo, mui - toa na - tu - reza.
G7 G7 C C
Ár - vo res, plan - tas, flores, tam - bém. Sol e chuva, a Lua já vem,
G7 C
Va - mos cui - dar do nos - so Pla - neta.

Uma atividade divertida é criar letras para músicas conhecidas.
A peça acima mostra o resultado obtido por uma aluna que foi estimulada a realizar esse trabalho.
Introduzir o conceito sobre FRASES.

Eu Já Sei Solfejar

Tradicional

Nesta peça, podemos aplicar a variação para o modo menor.

Depois de tocar como está escrita, continue com os dedos sobre o pentacorde, deslocando apenas o dedo do meio para a tecla preta: Mi bemol e toque.

Qual foi a sensação? Que você achou?

Toque as músicas anteriores e as próximas também alterando o modo.

Que é da Margarida

Folclore

Novos elementos: compasso anacruse, frases, ligaduras, ponto de aumento.
Depois de saber tocar bem a peça, transponha para o modo menor.
Variação: substituir uma das notas repetidas por outra do acorde.
Mantenha a nota do tempo forte.

Meu País

I-V7-I

Abigail R. Silva

Esta peça está no pentacorde de Sol: tonalidade de Sol Maior.
Observe o aparecimento do Fá♯. Tocar no modo menor usando o Si♭.
Aos poucos, e com prática, os sustenidos e os bemóis irão ficando familiares.
Transpor para Dó Maior.

Um, Dois, Três

Abigail R. Silva

Agora, o sustenido aparece junto da clave. Essa prática chama-se armadura de clave e indica o tom principal de uma música.

O compasso é ternário e o acorde aparece em bloco.

Transponha para Dó Maior. Variação usando notas de passagem (NP).

Tocando em Fá

I-V7-I

Abigail R. Silva

Toque o pentacorde de Fá. Verifique a armadura de clave.

O encadeamento de Fá deve ser trabalhado antes de tocar a peça. Identificar as NP e as NV (notas vizinhas).

A Estrelinha

«Ah, Vous dirais-je, Maman»

I-IV-V7-I

Tradicional

Observe que, nesta música, a mão sai do pentacorde seguindo até a 6ª nota da escala. Atenção à mudança de dedilhado.

O encadeamento I-IV-V7 deve ser trabalhado antes de tocar a peça.

Variação: substituição das notas repetidas.

O Pastorzinho

I-IV-V7-I

Tradicional

Embora esta peça esteja no pentacorde de Fá, a posição dos dedos muda.
Nesse momento, o estudo da escala é importante.
Aplicar o exercício de "Escala com Acompanhamento" do volume *Improvisação e Técnica.*
Volte às peças estudadas e aplique o acompanhamento do acorde quebrado.

Apressado

Abigail R. Silva

"Apressado" é o nome da música, porque os valores (colcheias) são mais rápidos.

Nela aparecem, também, desenhos chamados de "Progressões", que podem ser ascendentes ou descendentes.

Identifique-os.

Samba-lelê

Folclore

A principal característica do samba é a síncopa.
Marque todas elas com uma chave.

Sofia

Variações sobre um tema

I-IV-V7-I

Abigail . R. Silva

Procure descobrir qual a música original desta variação.
Toque as duas. Aponte as diferenças.

Flora

Variação sobre um Tema

I-VI-II-V7

Abigail R. Silva

Esta peça também é uma variação. O encadeamento está mais rico, mas como é repetitivo, fica fácil. Procure os acordes no campo harmônico.

Faça a sua variação usando NP. Transponha para Sol e Fá.

Eu Sou Pobre

Folclore

Esta peça deve ser executada de várias maneiras:

1. Com acompanhamentos variados, baseando-se nas cifras.

2. Como está escrita, ou seja, com as notas da clave de Fá.

3. Com acompanhamento (4 mãos).

4. Transpor para Sol e Fá.

A Canoa Virou

Folclore

Tocar esta peça a dois pianos.
O 1º toca como está escrita e o segundo toca acordes na direita e o baixo na esquerda.

Marcha

I-II-V7-I

Abigail R. Silva

CONTRATEMPO é o elemento novo nesta peça.
Pesquise outras músicas com essa característica e toque.

Valsinha Alegre

I-II-V7-I

Abigail R. Silva

O ritmo de valsa (compasso ternário) já apareceu na música "Um, dois, três".
Na "Valsinha alegre", o acompanhamento é característico da valsa.
Faça uma pesquisa sobre valsas célebres.

Sol Menor

Im-V7-Im

Abigail R. Silva

Já sugerimos que várias músicas fossem tocadas no modo menor. Esta, porém, está escrita nesse modo.

Observe o encadeamento Im-V7-Im.

Valsa Menor

Im-IVm-V7

Abigail R. Silva

Mais uma peça no modo menor, com outra forma de acompanhamento, usando as notas do acorde.

O acorde V7 é o mesmo para os dois modos.

Ao chegar nesta música, sugerimos que componha a *sua* valsa.

Caixinha de Música

I-IV-V7-I

Abigail R. Silva

Ambas as mãos: 8ª acima

Duas razões nos levaram a inserir esta peça no contexto deste livro: o exercício de coordenação e a apresentação da forma A-B-A (pesquise sobre o assunto).

Faça variações nos modos maior e menor.

Ex.: “A”= maior, “B”= menor e “A” final... Você decide!

Passeando

VI-II-V7-I

Abigail R. Silva

Compasso binário composto.

Identifique, na música, onde se encontram os acordes VI, II, V7 e I, e escreva os algarismos romanos sobre as cifras.

Variações usando bordaduras.

Pula-pula

Abigail R. Silva

O ponto de diminuição normalmente não aparece.

Algumas peças são chamadas de *imitativas*, como esta, que imita alguém pulando numa cama elástica.

Articulação de duas notas é o nome da técnica usada, em que a segunda nota deve ser tocada mais curta e leve do que o seu valor real.

Outras peças nesse contexto têm o mesmo objetivo: levar o ouvinte às emoções que a música propõe.

Saltando

Abigail R. Silva

Identificar as armaduras de clave.
Tocar como se estivesse saltando.

O Cravo Brigou com a Rosa

D_D - Dominante da dominante ou dominante secundária

Folclore

Identificar a dominante da dominante.
Observe a mudança de compasso.

Sambando

II-V7-I

Abigail R. Silva

Os Fantasmas

Abigail R. Silva

Apoiar os dedos da mão esquerda sobre as notas do acorde e pressionar sem deixar soar. Em seguida, tocar as notas da direita em *staccato*. Ouça os harmônicos.

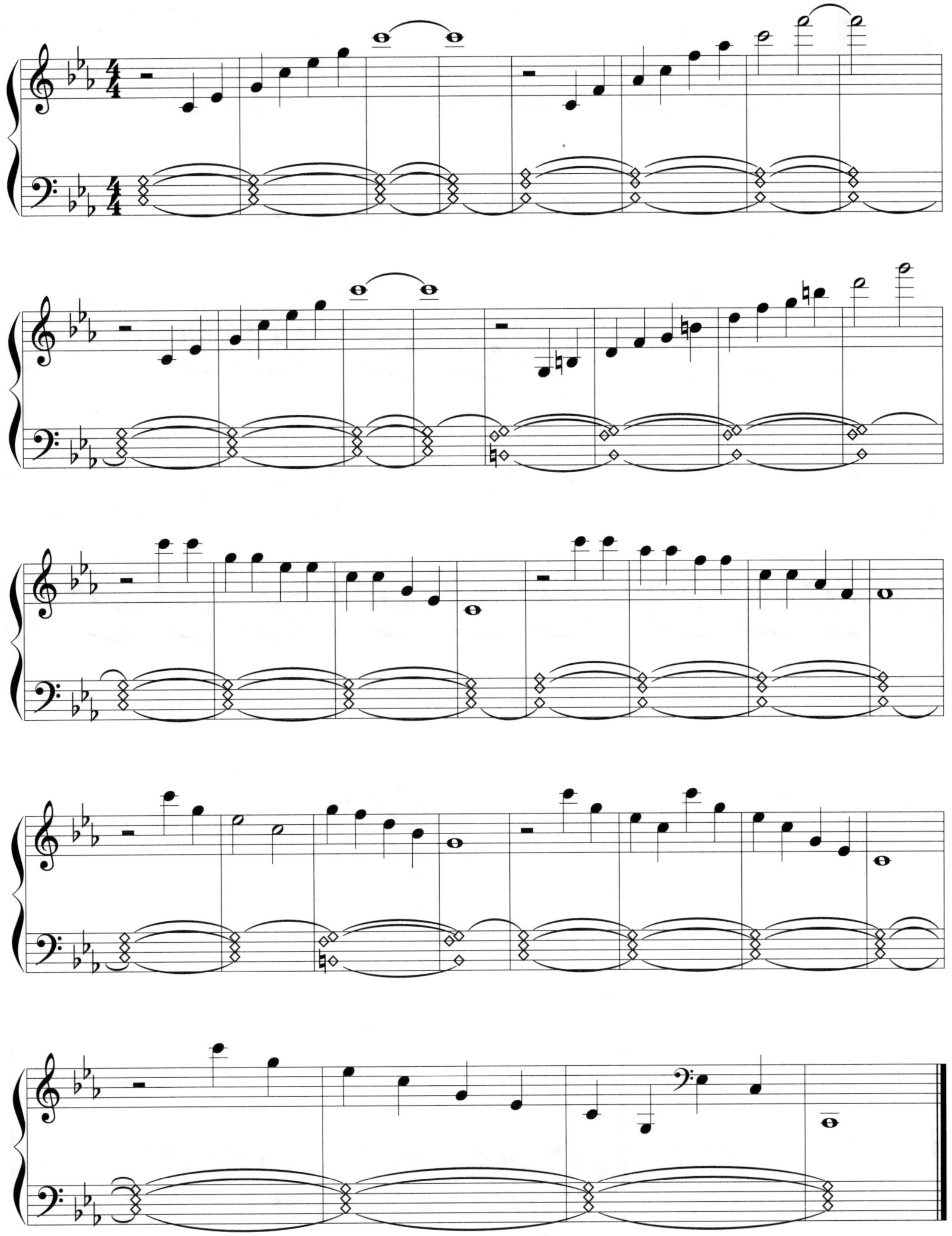

O Maior, o Menor e o Diminuto

Abigail R. Silva

Nesta parte, escreva as cifras.
Ficará mais fácil para tocar as tríades.

Escalando

Choro

Abigail R. Silva

Padrões de acompanhamento 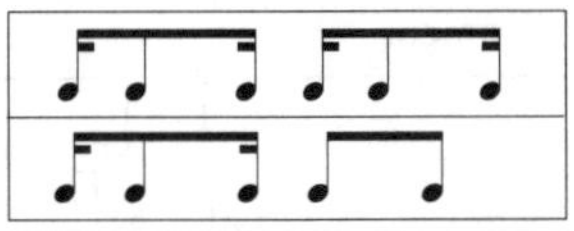

As partes primeira e terceira podem ser tocadas uma oitava acima na repetição.

Fim
De 𝄋 até 𝄌
De 𝄋 até Fim
sem repetição

Exercícios Para Leitura na Clave de Fá Explorando Tonalidades

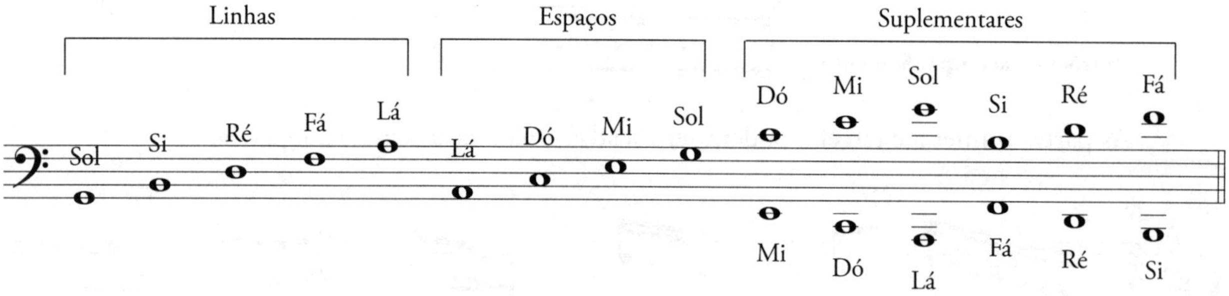

Os exercícios abaixo devem ser cifrados pelo aluno, de acordo com o conhecimento de harmonia que tiver sido trabalhado.

Tocar antes de escrever. Lembrar dos encadeamentos. Tocar acordes com a melodia.

1.

Escreva o campo harmônico antes de harmonizar.

2.

3.

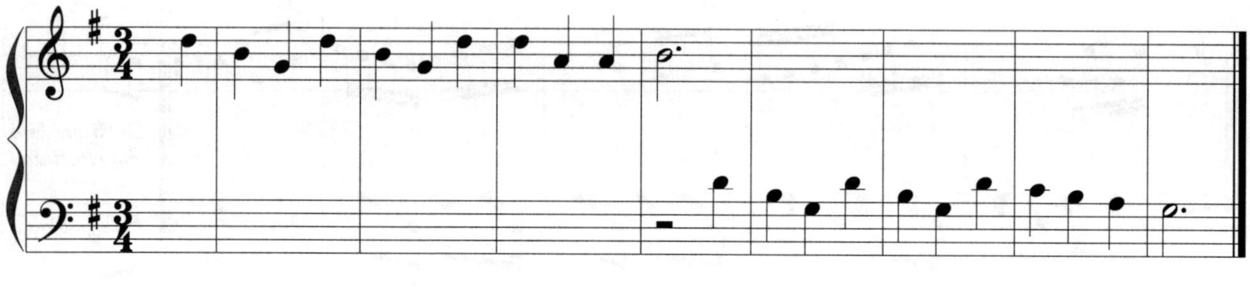

Coloque a mão na posição do pentacorde e toque.

Continue cifrando e tocando com acordes em bloco ou outra forma de acompanhamento já trabalhada.

4.

Toque o acorde em bloco, na mão direita, e na mão esquerda procure fazer o acompanhamento de valsa.

Indique o movimento da melodia.

5.

Procure ampliar o conhecimento sobre o campo harmônico para usar acordes diferentes.

6.

7.

8.

Indique o movimento da melodia nas duas mãos.

9.

Continue cifrando as melodias.

10.

11.

12.

13.

14.

15.

16.

Cifrou? Substitua a semibreve por um acorde.

17.

18.

19.

20.

21.

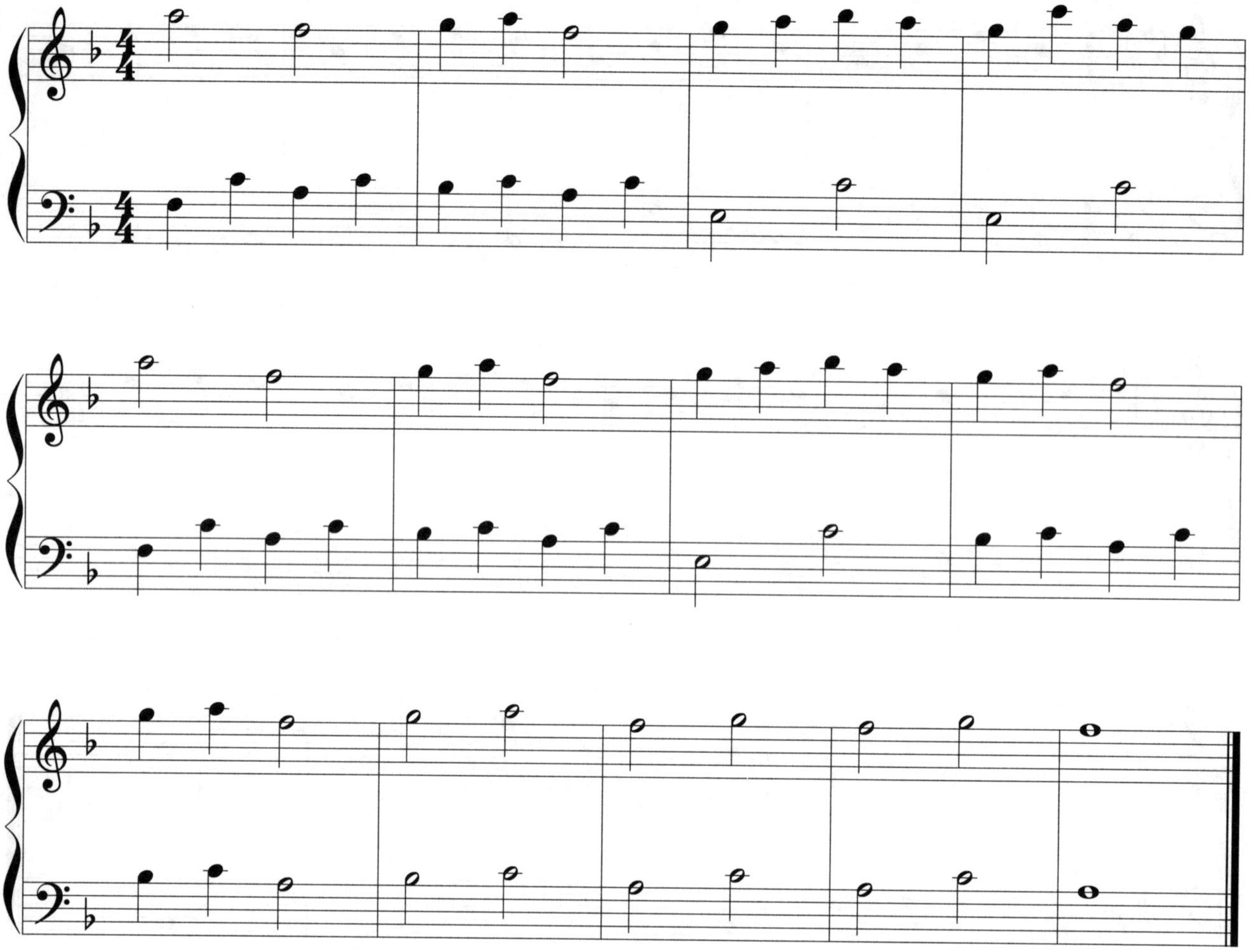

22.

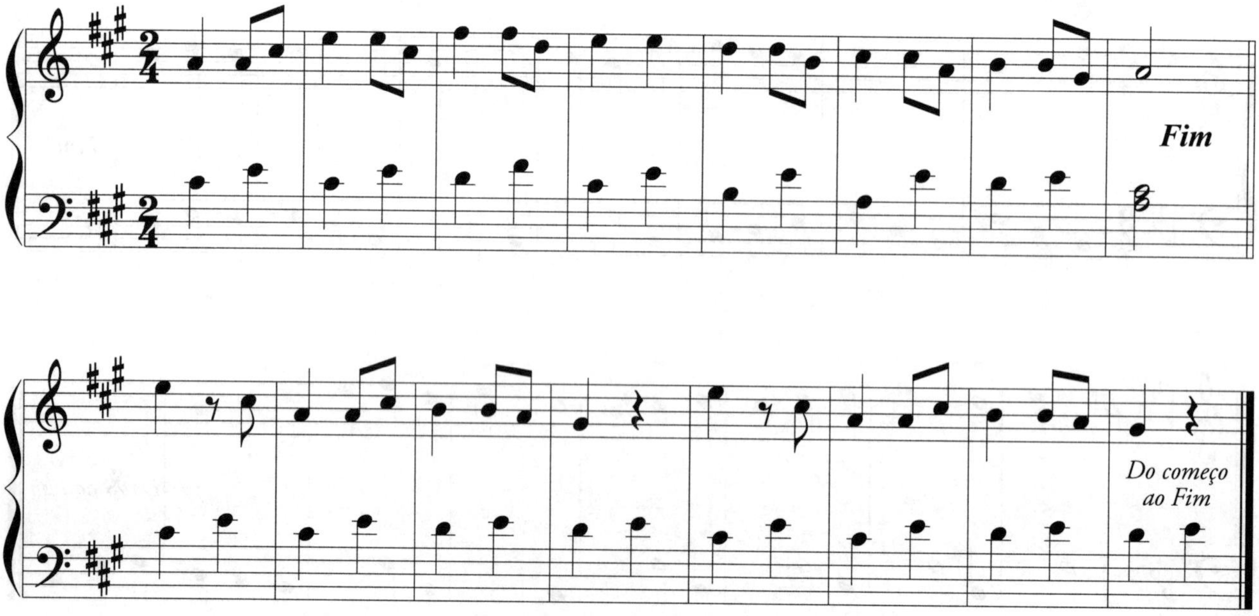
Fim
Do começo
ao Fim

Valsa

Tradicional

Faça variações na direita usando notas repetidas, de passagem ou buscando idéias no capítulo sobre improvisações.

23.

Escreva as cifras e faça uma variação.

24.

Marcar o movimento das vozes: paralelo e contrário.

25.

Modos

Modos são sistemas musicais desenvolvidos na Grécia Antiga (daí a origem de seus nomes). Eles originaram o nosso sistema musical: escalas maiores e menores.

Foram utilizados pela Igreja Cristã, dando origem ao canto gregoriano e, mais tarde, na polifonia renascentista. Têm sido usados na música folclórica de vários países e serviram como base para o jazz e o rock.

Em nosso país, sua influência ficou marcada, principalmente, na música nordestina.

O modo jônio deu origem à escala maior e o modo eólio, à escala menor.

A maneira mais fácil de aprender a lidar com os modos é relacioná-los com a escala maior:

Jônio: 1 a 8	Lídio: 4 a 4
Dórico: 2 a 2	Mixolídio: 5 a 5
Frígio: 3 a 3	Eólio: 6 a 6
Lócrio: 7 a 7	

Jônio

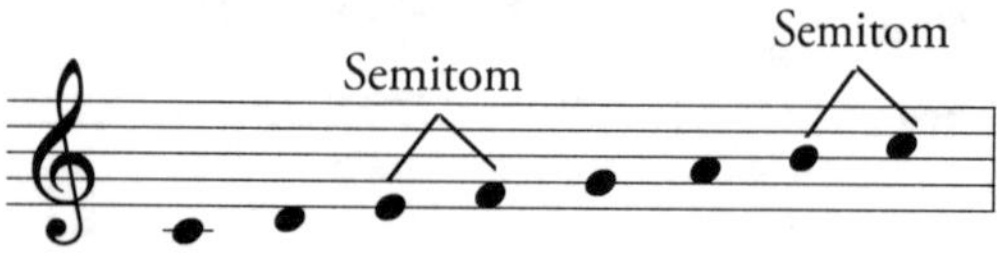

Lídio

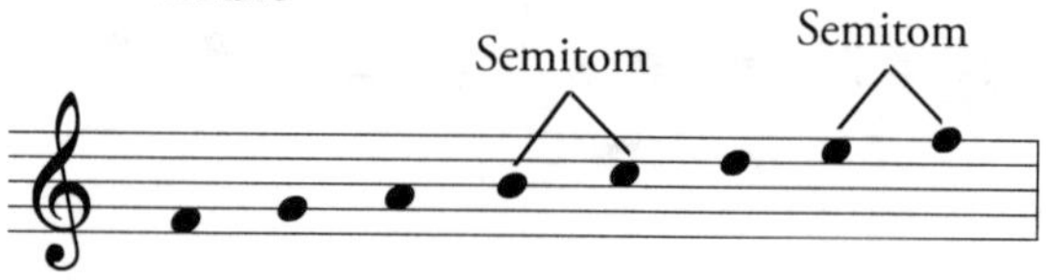

Dórico

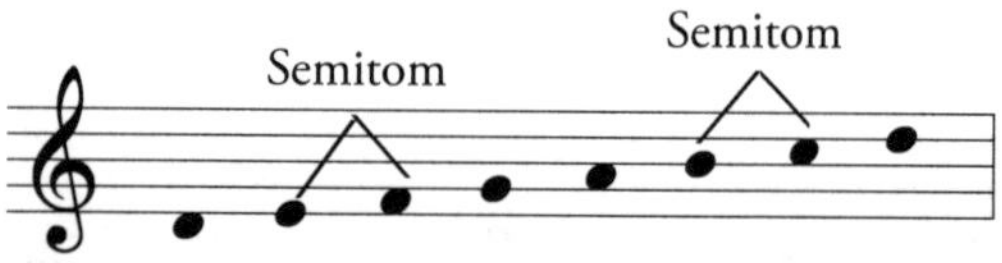

Mixolídio

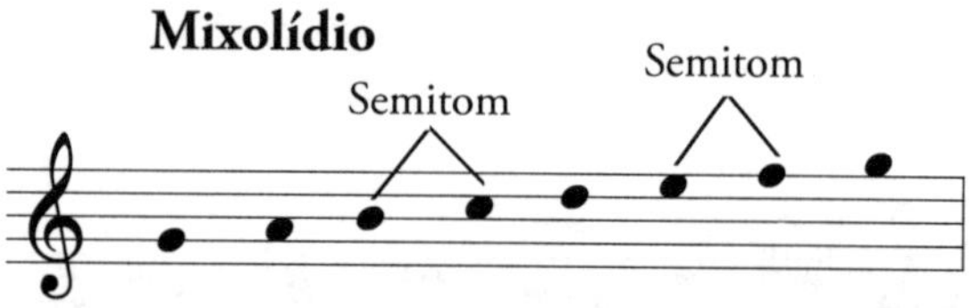

Frígio

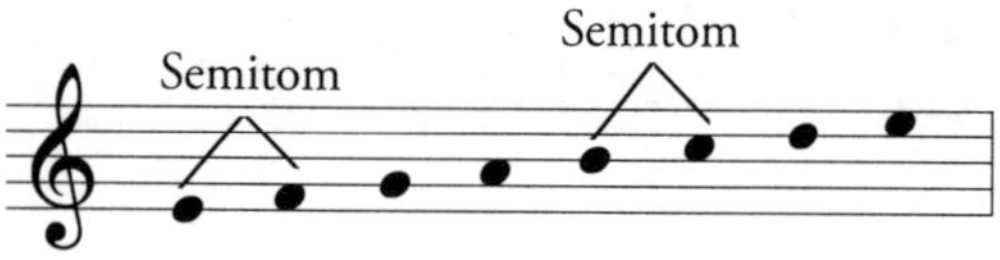

Eólio

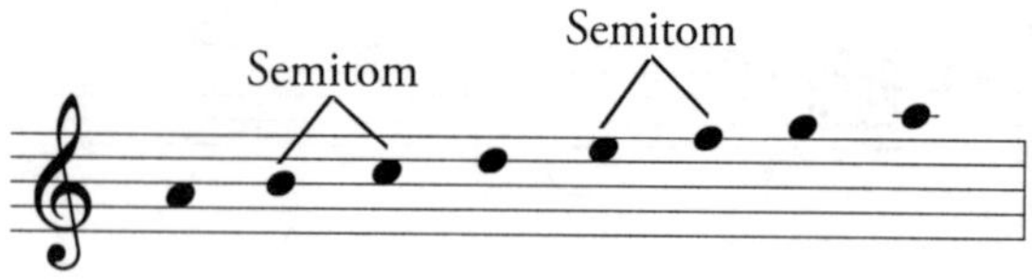

Lócrio

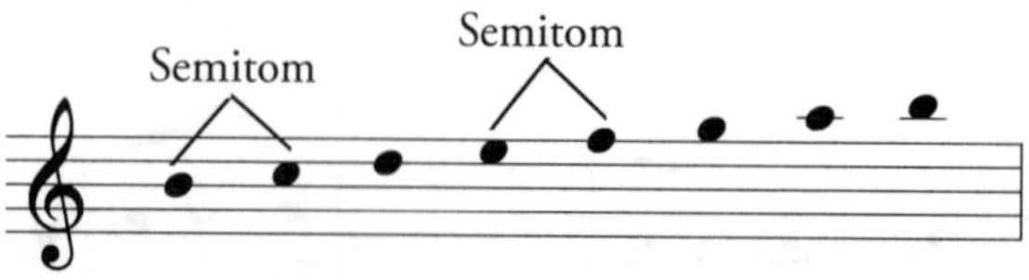

Exercite cada modo tomando como base as escalas maiores.
Começando em cada nota da escala, ou seja: na 1ª, jônio; na 2ª, dórico; na 3ª, frígio, e assim por diante.

Dórico

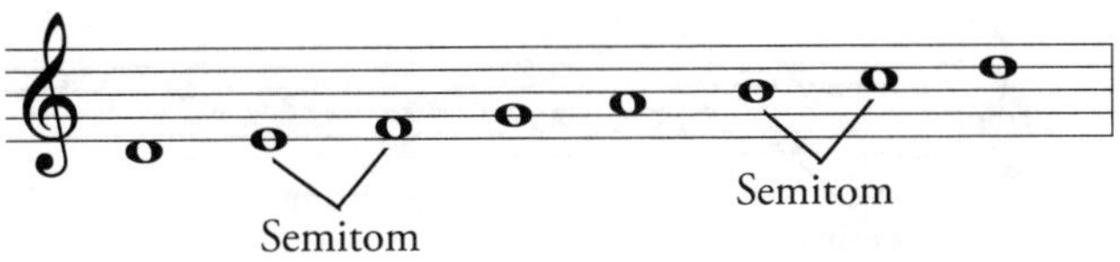

O modo dórico pode ser tocado em qualquer escala. Comece no 2º grau e observe o acidente da escala base.

Depois de tocar esta peça, transponha uma peça estudada para o modo dórico.

Abigail R. Silva

Frígio

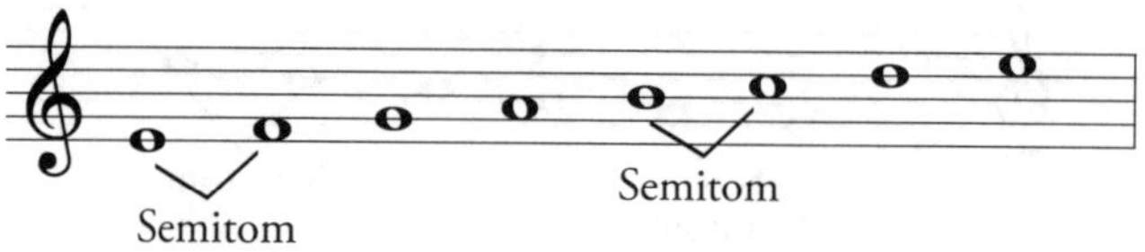

Começando na 3ª nota da escala maior.
Depois de tocar esta música, faça a sua.

Abigail R. Silva

Frígio 2

Sol frígio – 3º de Mi bemol. Escreva o campo harmônico.

Abigail R. Silva

Lídio

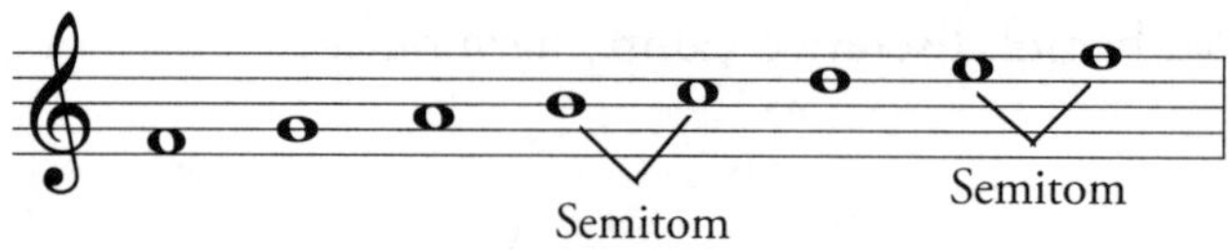

A 4ª aumentada dá ao modo lídio uma característica própria.
Pesquise outras músicas nesse modo.

Baião

Abigail R. Silva

Mixolídio

Toque os acordes nos tempos.

Abigail R. Silva

G^7
V de Dó
C^7
V de Fá
F^7
V de B♭
$B♭^7$
V de Mi♭
D^7
V de Sol
G
V de Dó

Estude as escalas e depois improvise.
Primeiro, somente com as notas dos acordes, depois com escalas.

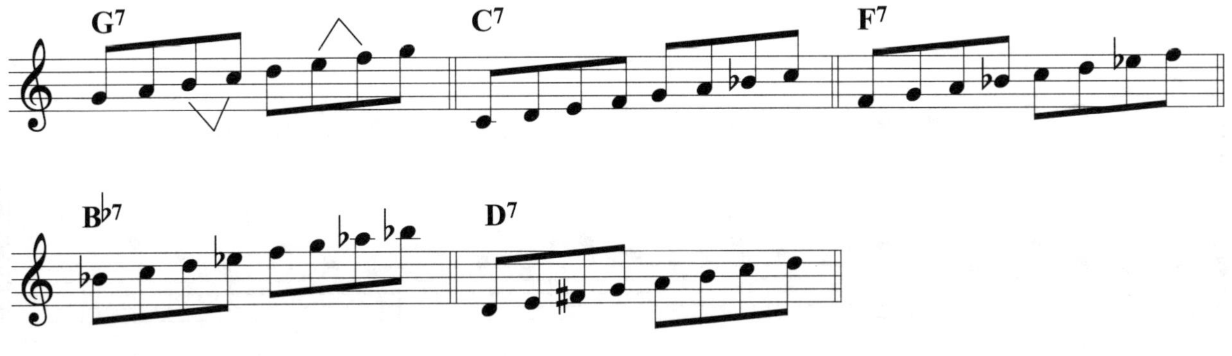

Eólio

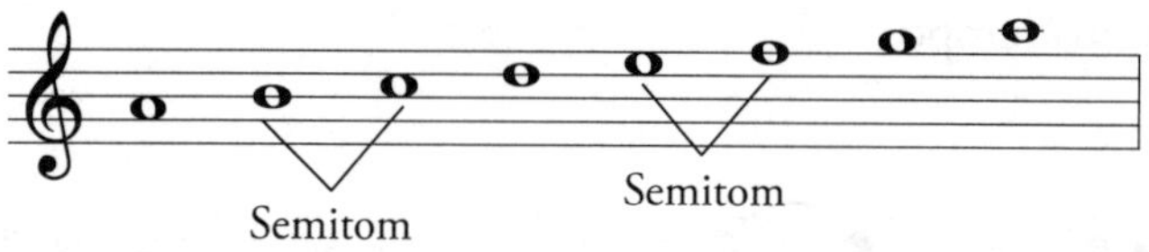

Este modo deu origem à escala menor do nosso sistema tonal, que gerou as formas melódica e harmônica.

Abigail R. Silva

Eólio 2

Abigail R. Silva

26. Pentacordes

Escadinhas

Não basta aprender a tocar os pentacordes.
O estudo da harmonia e os exercícios de técnica são iniciados aqui.

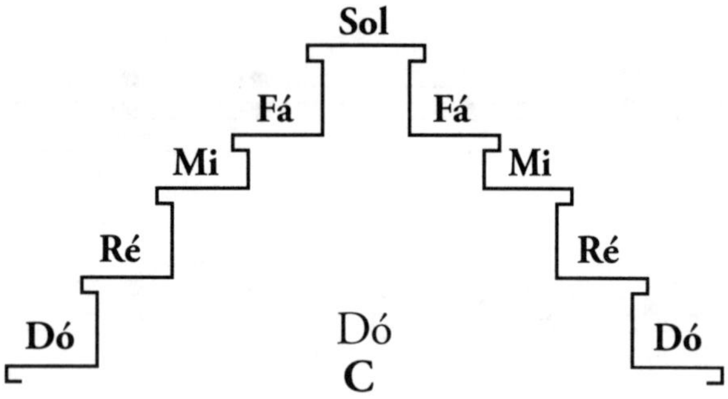
Sol
Fá
Fá
Mi
Mi
Ré
Ré
Dó
Dó
C
Dó

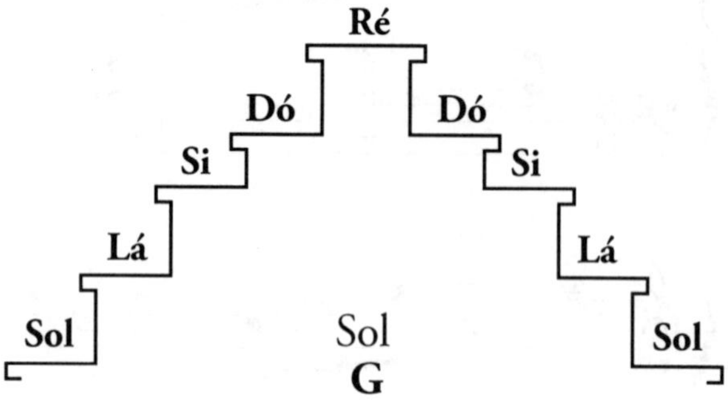
Ré
Dó
Dó
Si
Si
Lá
Lá
Sol
Sol
G
Sol

Para o aprendizado dos pentacordes de Ré e Lá, posicione o dedo do meio na tecla preta.

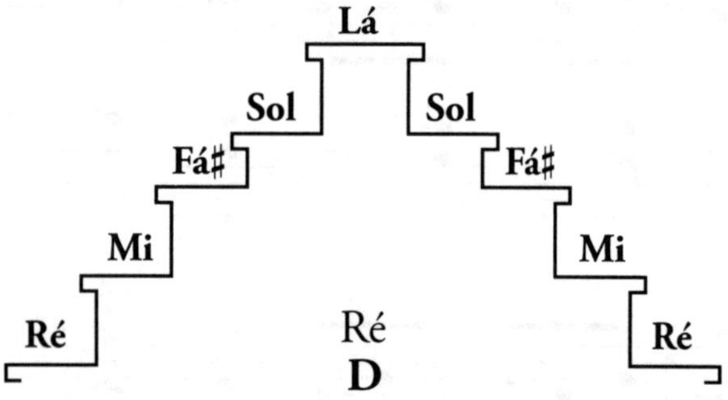
Lá
Sol
Sol
Fá♯
Fá♯
Mi
Mi
Ré
Ré
D
Ré

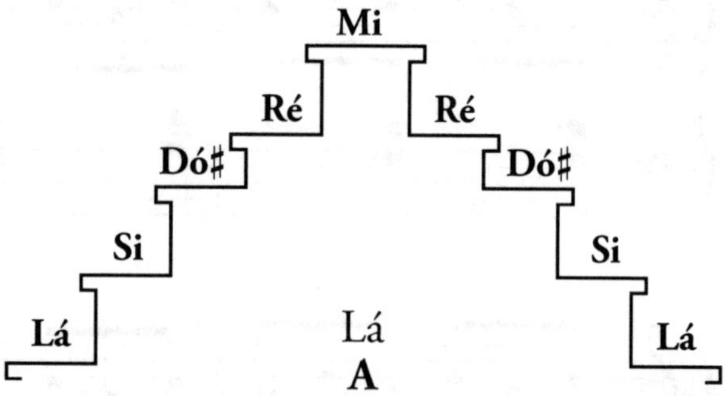
Mi
Ré
Ré
Dó♯
Dó♯
Si
Si
Lá
Lá
A
Lá

Mais modelos de exercícios e jogos com a utilização das escadinhas, você encontra no *Guia do Professor*.

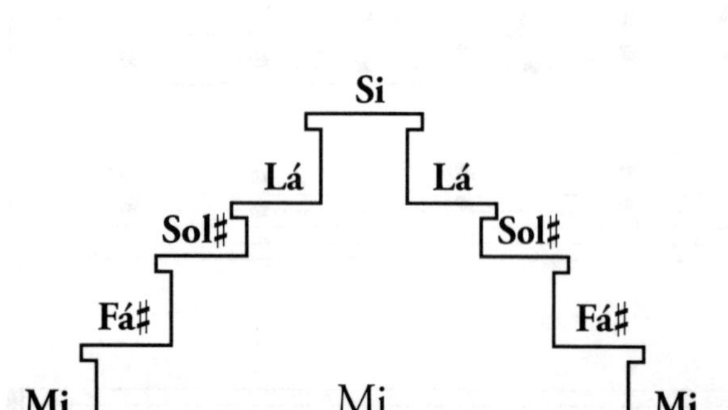
Si
Lá
Lá
Sol♯
Sol♯
Fá♯
Fá♯
Mi
Mi
E
Mi

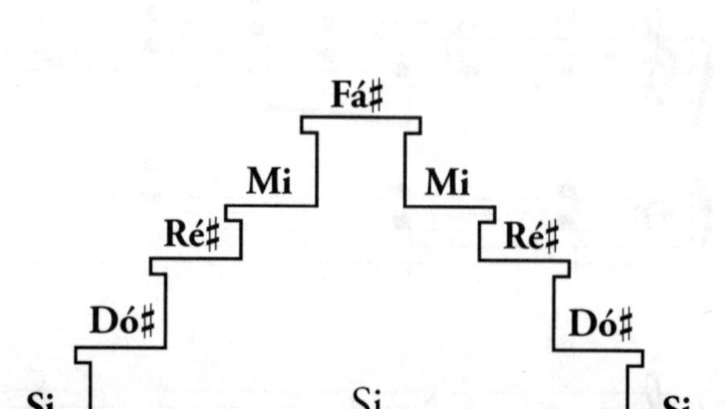
Fá♯
Mi
Mi
Ré♯
Ré♯
Dó♯
Dó♯
Si
Si
B
Si

Circule as notas dos acordes em cada escadinha estudada.

Escadinhas bemóis

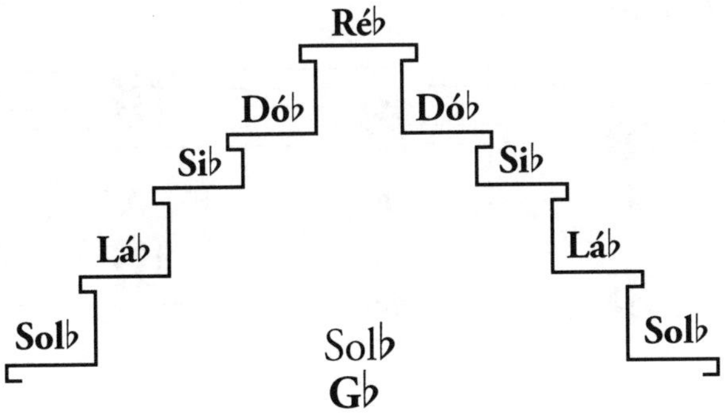

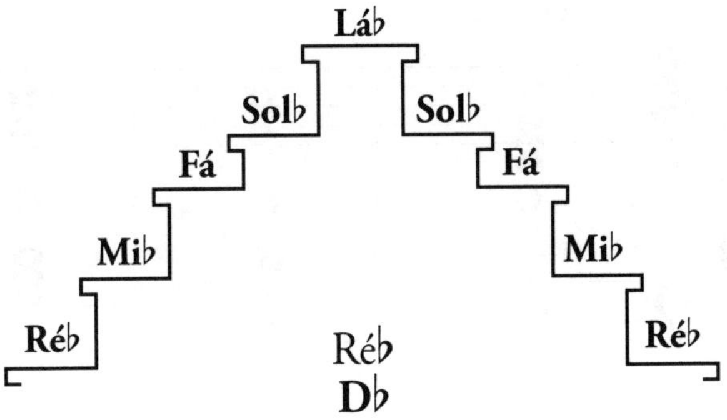

Nos pentacordes de Ré♭ e Lá♭, o dedo do meio fica na tecla branca.

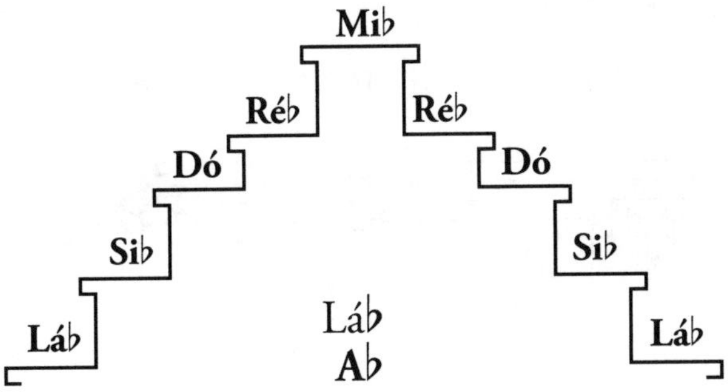

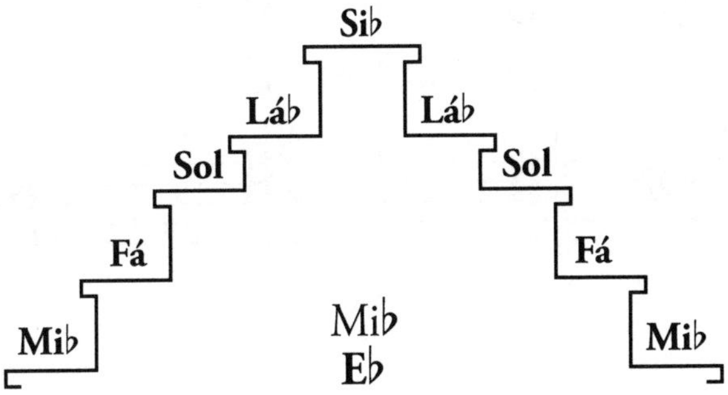

Fazer a associação dos pentacordes enarmônicos.

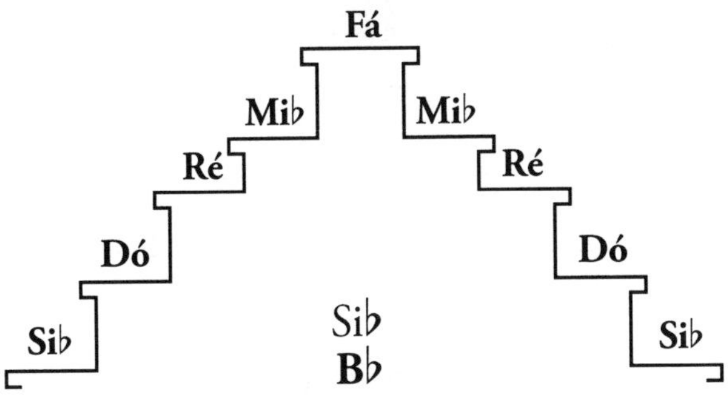

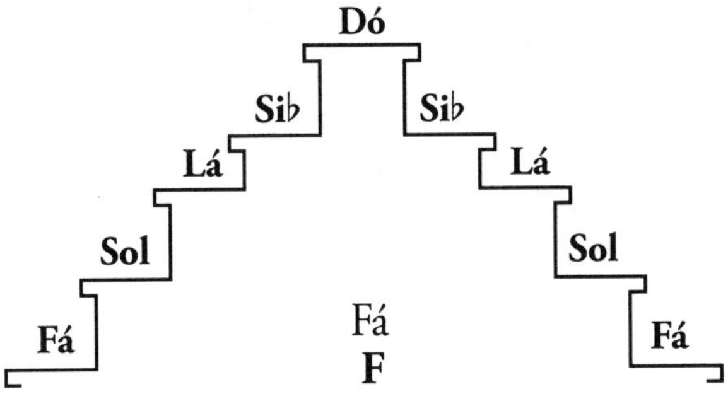

Tríades Maiores

Primeiro grupo

Teclas brancas

Segundo grupo

Tecla preta do meio

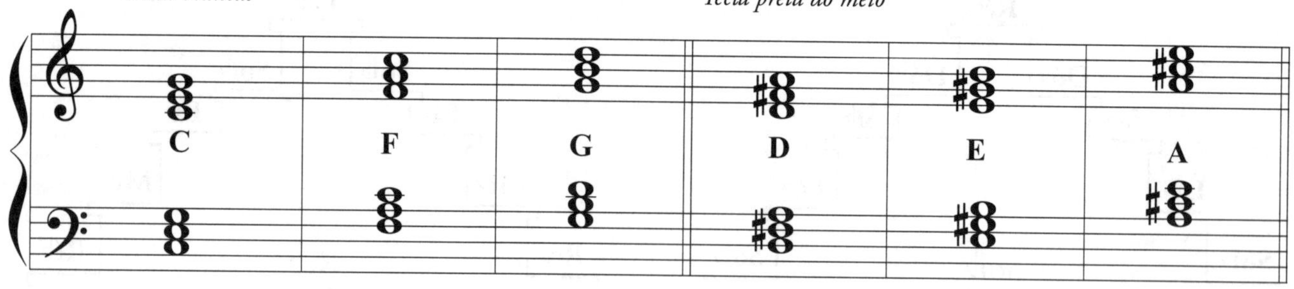

Terceiro grupo

Tecla branca do meio

Quarto grupo

Tudo preto

Uma preta, duas brancas

Uma branca, duas pretas

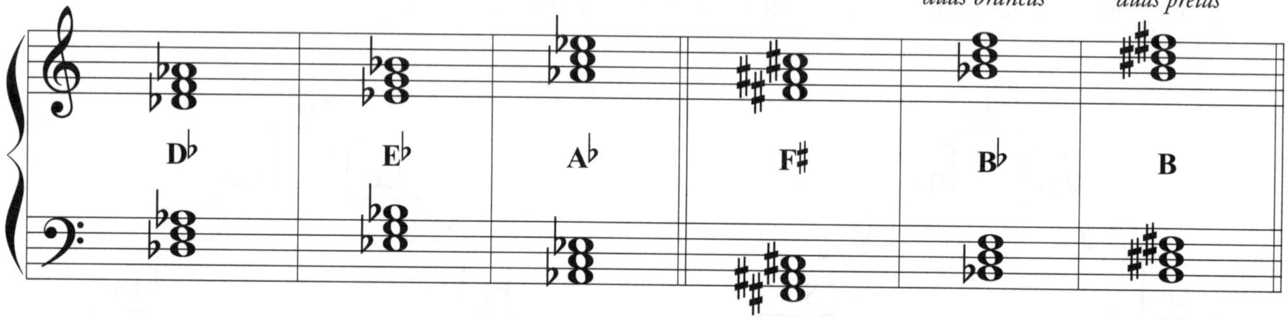

Tríades Menores

O dedo do meio do acorde (a TERÇA) desce meio-tom.

Primeiro grupo

Segundo grupo

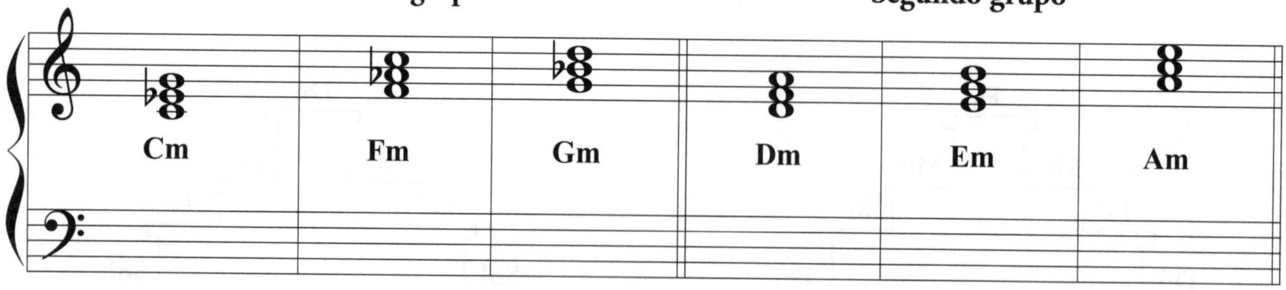

Terceiro grupo

Quarto grupo

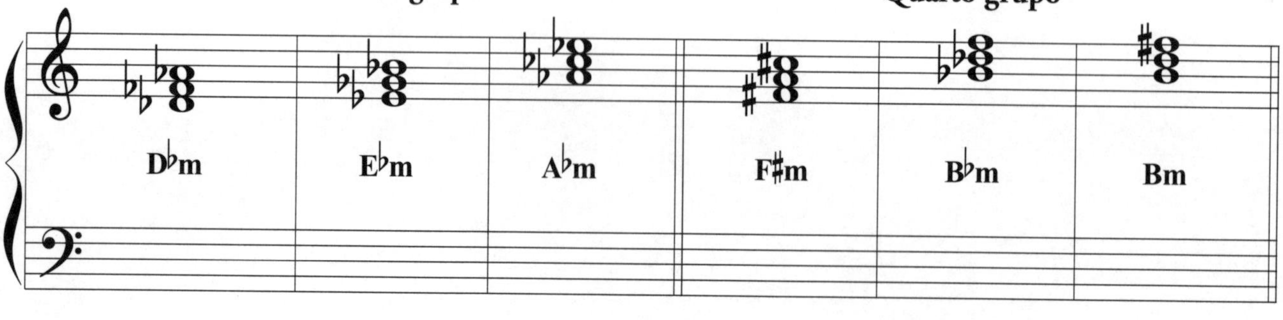

Tríades Maiores

27. Exercícios

Escreva o nome das notas dentro dos círculos:

C F G

D E A

D♭ E♭ A♭

G♭ B♭ B

28. Escreva os acordes:

C F G D E A

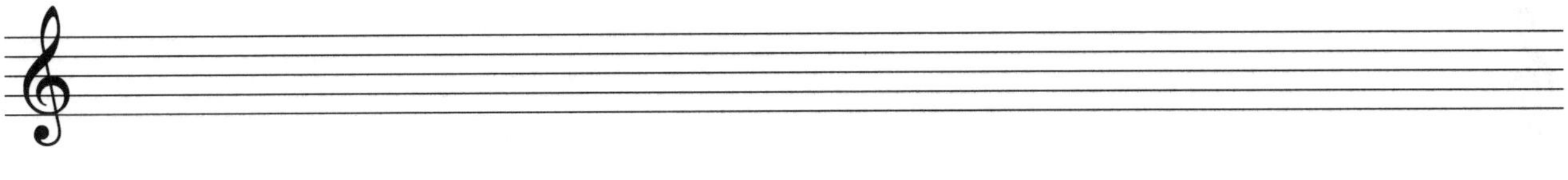

D♭ E♭ A♭ G♭ B♭ B

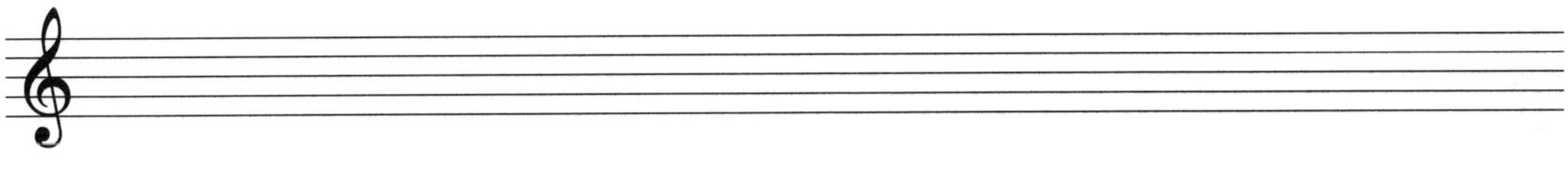

Tríades Menores

29. **Exercícios**

Escreva o nome das notas dentro dos círculos:

Cm ◯◯ ◯ **Fm** ◯◯ ◯ **Gm** ◯◯ ◯

Dm ◯◯ ◯ **Em** ◯◯ ◯ **Am** ◯◯ ◯

D♭m ◯◯ ◯ **E♭m** ◯◯ ◯ **A♭m** ◯◯ ◯

G♭m ◯◯ ◯ **B♭m** ◯◯ ◯ **Bm** ◯◯ ◯

30. Escreva os acordes:

Cm **Fm** **Gm** **Dm** **Em** **Am**

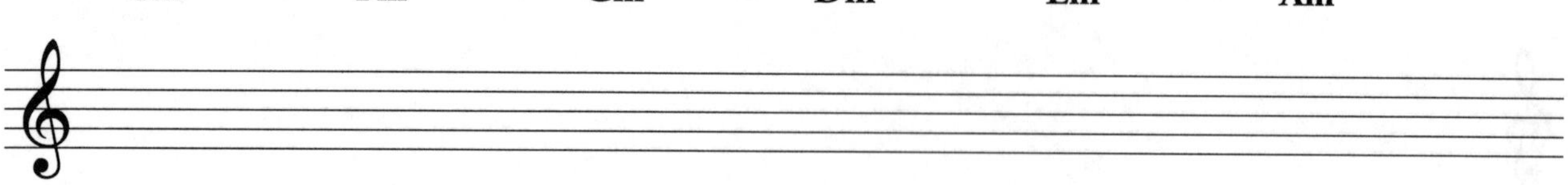

D♭m **E♭m** **A♭m** **G♭m** **B♭m** **Bm**

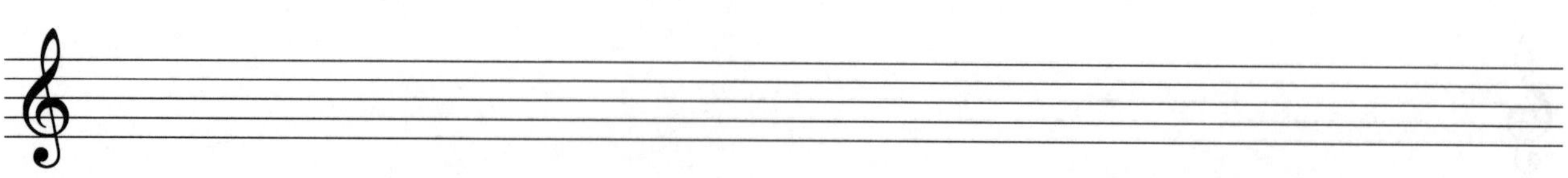

Tríades Aumentadas

31. Escreva a tríade maior, altere ascendentemente a quinta e terá uma tríade aumentada.

Primeiro grupo **Segundo grupo**

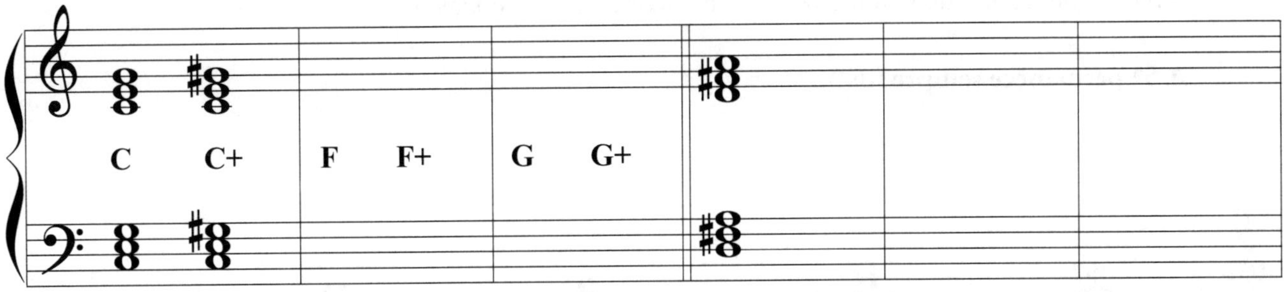

Terceiro grupo **Quarto grupo**

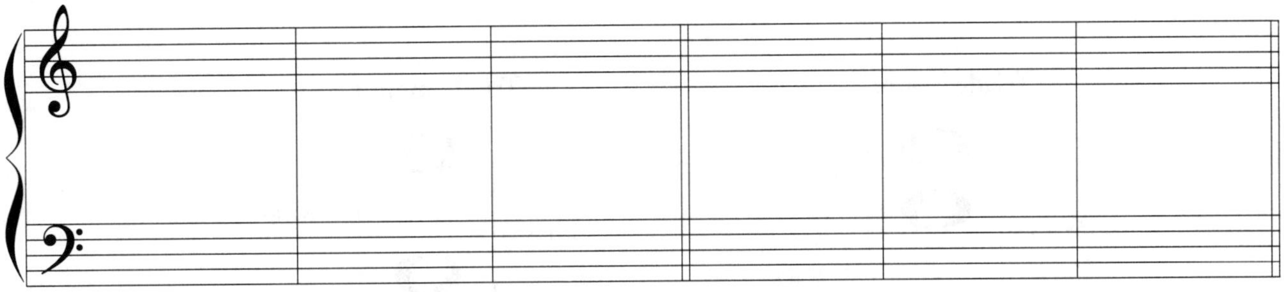

Tríades Diminutas

32. Escreva a tríade menor. Diminua meio-tom na quinta: ela ficará diminuta.

Primeiro grupo **Segundo grupo**

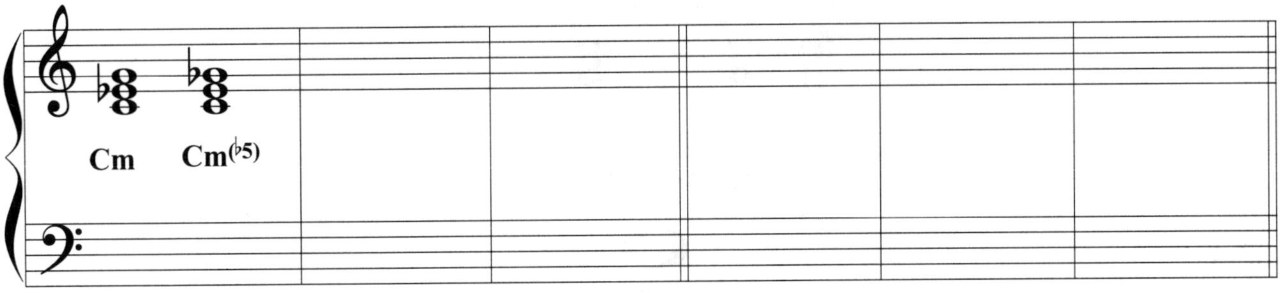

Terceiro grupo **Quarto grupo**

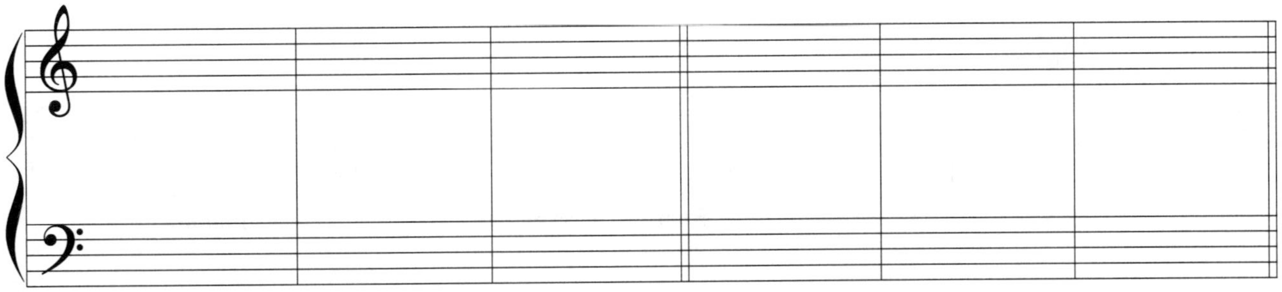

Formação das Tríades

M-m • m-dim

Você se lembra do estudo das tríades maiores e menores? Lembra-se que bastava diminuir um semitom na nota do meio do acorde maior para transformá-lo em acorde menor? Pois a nota do meio da tríade é a *terça*, que no acorde maior é *maior*, e no acorde menor é *menor*.

A 5ª permanece sempre JUSTA.

Exemplos:

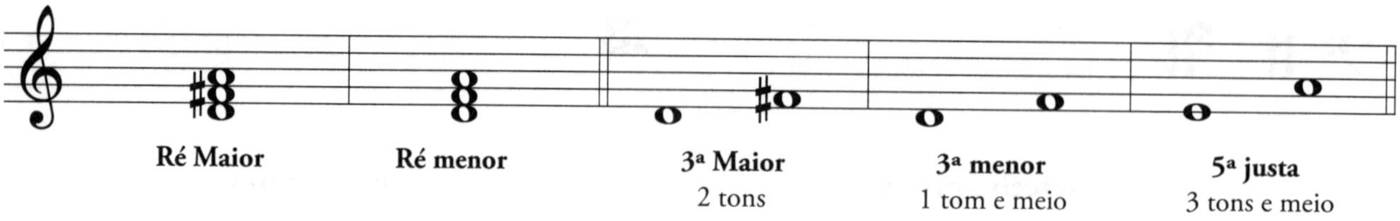
Ré Maior
Ré menor
3ª Maior
2 tons
3ª menor
1 tom e meio
5ª justa
3 tons e meio

Tríade Maior

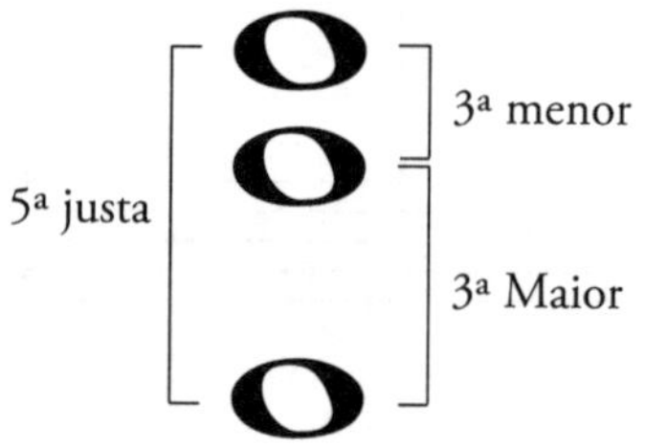
5ª justa
3ª menor
3ª Maior

Tríade menor

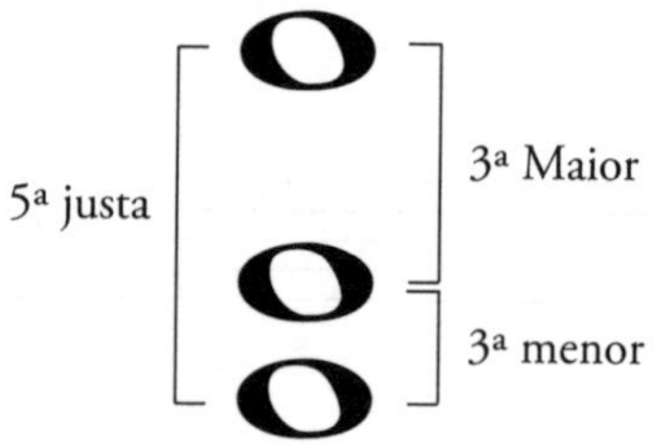
5ª justa
3ª Maior
3ª menor

Você já treinou as tríades diminutas abaixando 1 semitom no acorde menor.
Veja agora como ele é formado: as duas terças são menores.

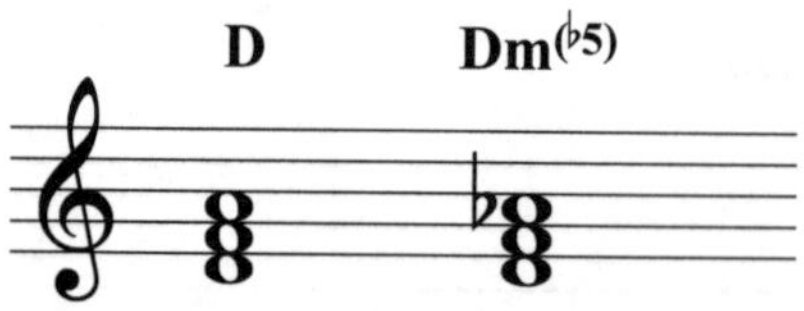
D
Dm(♭5)

Tríade diminuta

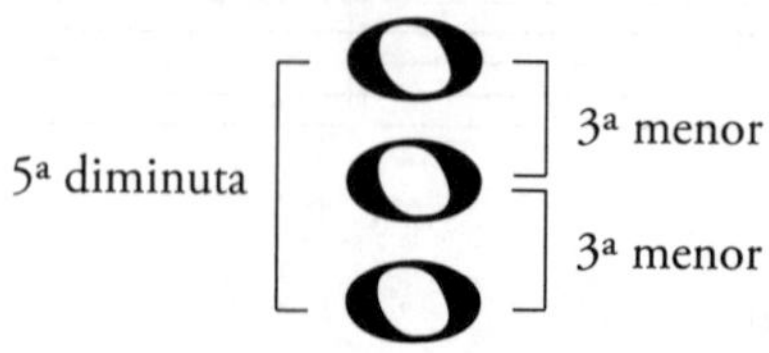
5ª diminuta
3ª menor
3ª menor

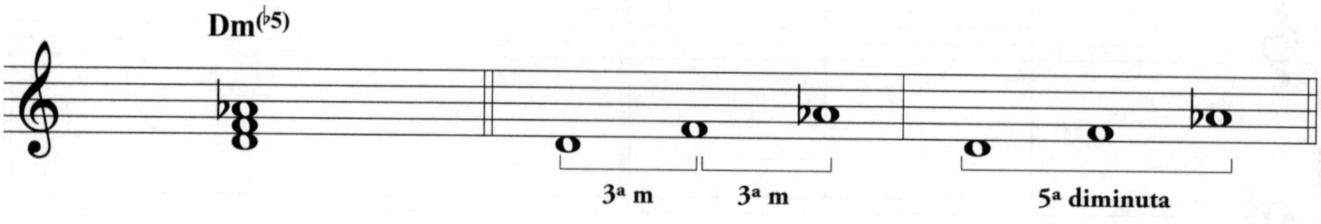
Dm(♭5)
3ª m
3ª m
5ª diminuta

Formação das Tríades Aumentadas

Elevando 1 semitom na 5ª do acorde maior, obtemos a tríade aumentada.

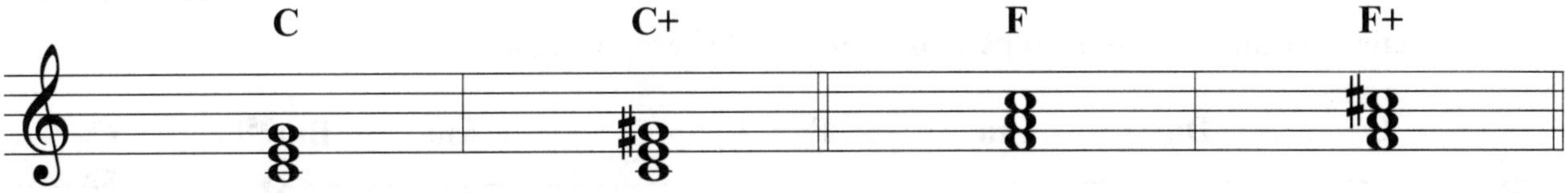

Lembramos que todo intervalo justo acrescido de 1 semitom fica aumentado.

5ª justa
5ª aumentada
4ª justa
4ª aumentada

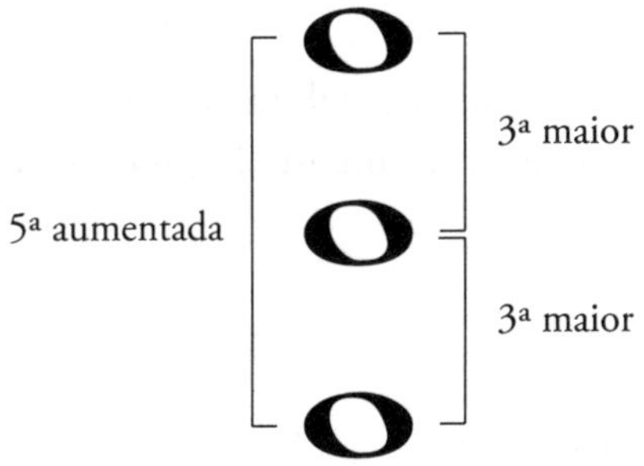

33. Analisar e colocar as cifras:

Campo Harmônico

Tríades

M = I, IV, V
M = II, III, VI
m(♭5) = VII

Escreva o campo harmônico para os exercícios de harmonização.

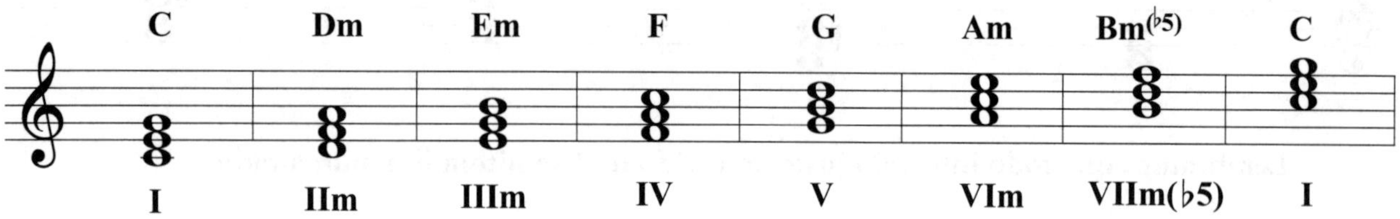
C
Dm
Em
F
G
Am
Bm(♭5)
C
I
IIm
IIIm
IV
V
VIm
VIIm(♭5)
I

Tríade Maior, Menor, Diminuta

Toque a tríade maior. Abaixe a 3ª um semitom (dedo do meio). A tríade ficou menor.

Nesse acorde menor, abaixe a 5ª um semitom (5º dedo se for na mão direita, polegar se for na esquerda). A tríade ficou diminuta.

Conserve esse acorde. Abaixe a nota fundamental um semitom. Verifique o acorde encontrado.

Teve uma surpresa? Um acorde maior novamente. Repita o processo como no exemplo abaixo:

34. Escreva as cifras:

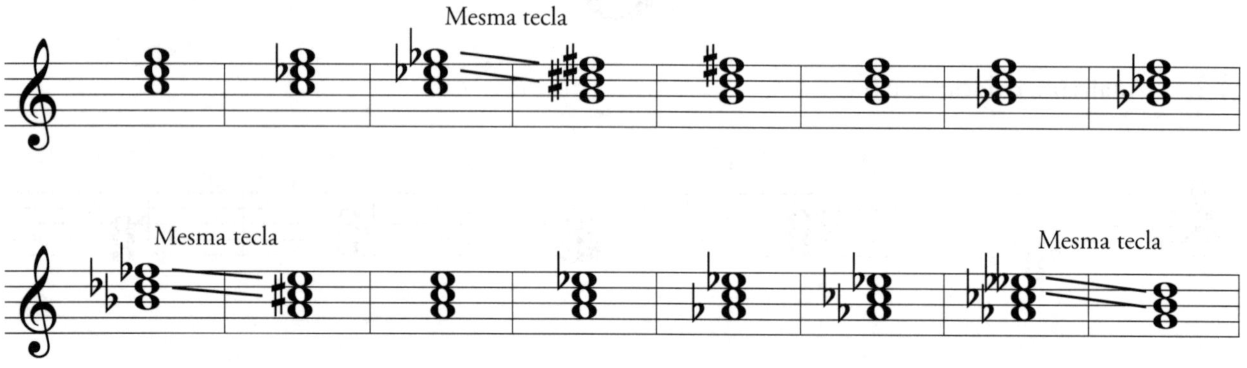

Continue escrevendo e toque:

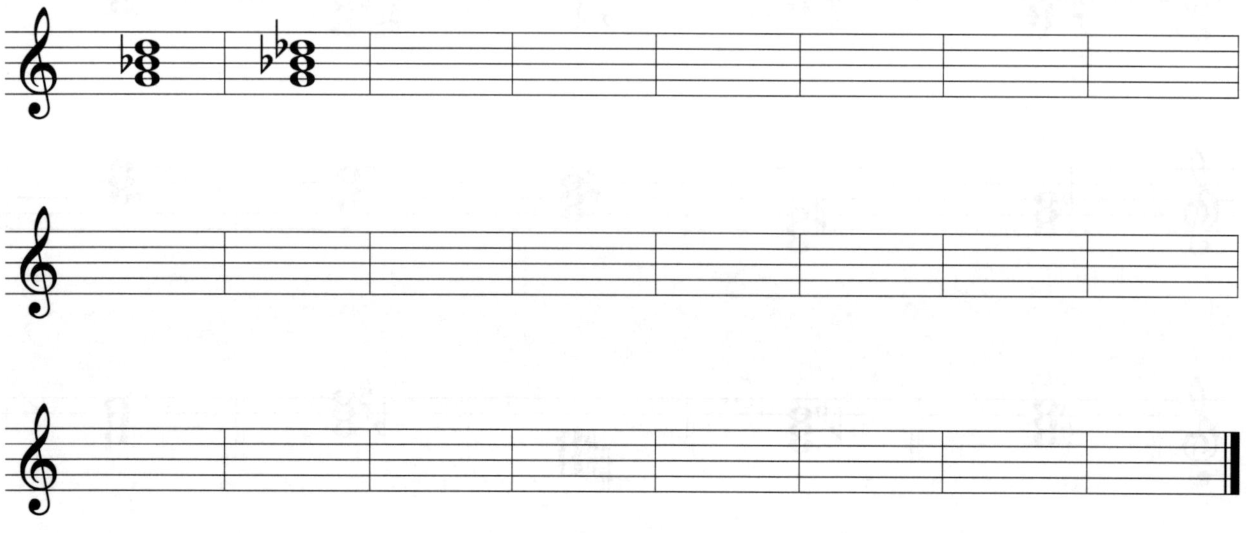

Tríades - Inversões

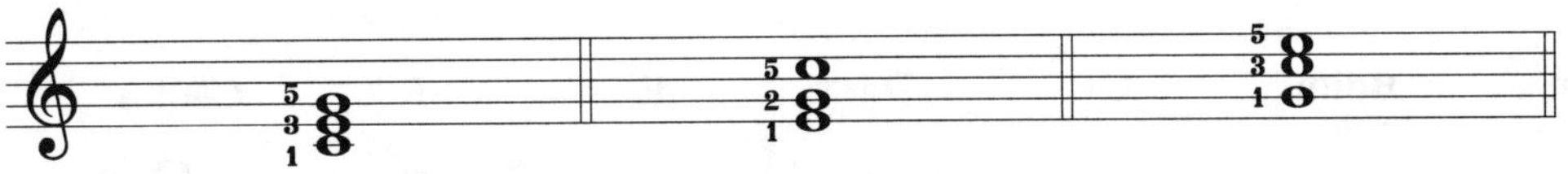

Posição fundamental **1ª inversão** **2ª inversão**

35. Exercícios preparatórios:

Campo Harmônico - Modo Menor

Toma-se a escala menor na forma harmônica para realizar o campo harmônico.

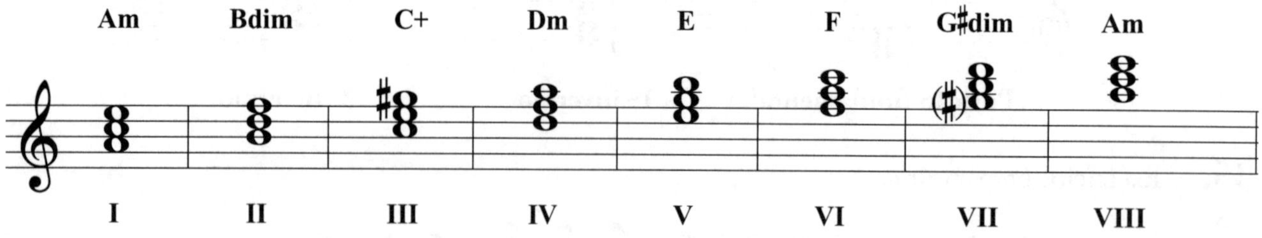
Am
Bdim
C+
Dm
E
F
G♯dim
Am
I
II
III
IV
V
VI
VII
VIII

No campo harmônico do modo menor, encontramos acordes diferentes do modo maior, como: C+ = Dó com 5ª aumentada, Si diminuto no 2º grau. Mas uma coisa é importante observar: o acorde da dominante (V grau) é igual ao da escala maior.

Acordes menores	**I e IV**
Acordes maiores	**V e VI**
Acordes diminutos	**II e VII**
Acordes aumentados	**III**

36. Escreva o campo harmônico das escalas e harmonize peças no modo menor:

Tétrades

Tétrades são acordes com 4 notas. Falaremos, a seguir, dos acordes com sétima (7ª).
Recordando: todo intervalo de sétima na escala maior é *maior.*

Escala de Dó Maior
Escala de Ré Maior
Escala de Mi Maior

Acorde Maior com Sétima Maior

Para indicar o acorde com 7ª Maior, usa-se: "M" maiúsculo ou "maj", abreviatura de "major" (*maior*, em inglês) antes do 7.

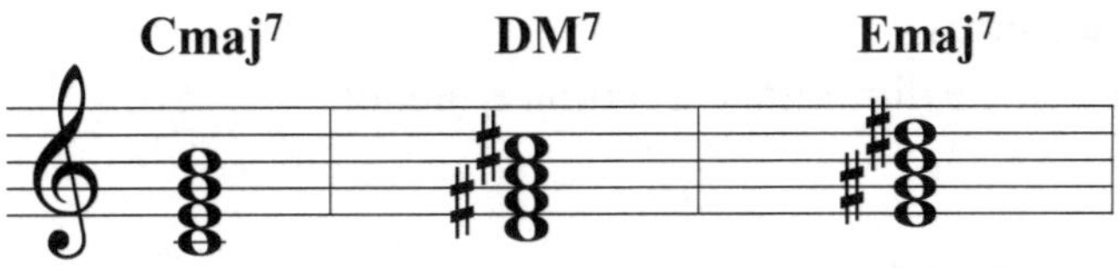
Cmaj7
DM7
Emaj7

37. Escreva os acordes conforme as cifras:

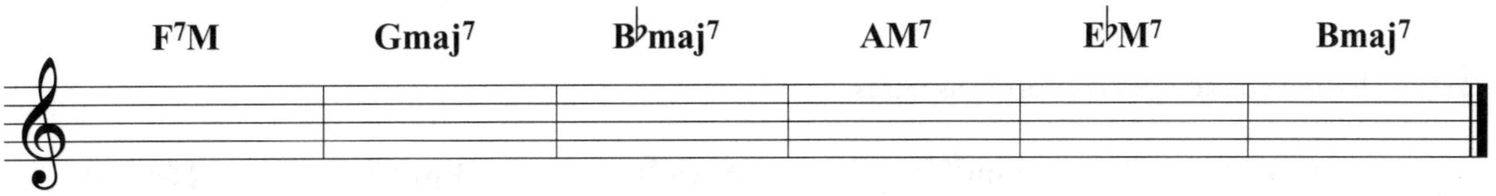
F7M
Gmaj7
B♭maj7
AM7
E♭M7
Bmaj7

Acorde Maior com Sétima Menor

O acorde com sétima que você encontra com maior frequência em suas músicas é formado pela tríade maior com 7ª menor. Esse acorde pertence ao V grau da escala e é o *único* acorde maior com sétima menor, tanto no modo maior como no menor. Chama-se DOMINANTE.

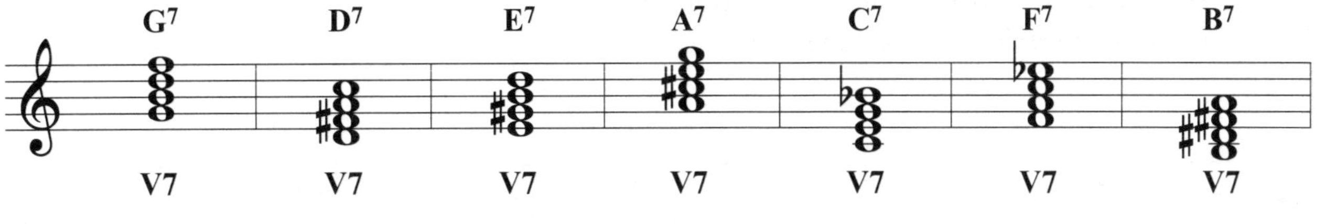
G7
D7
E7
A7
C7
F7
B7
V7
V7
V7
V7
V7
V7
V7

38. Quais são as escalas dos acordes abaixo?

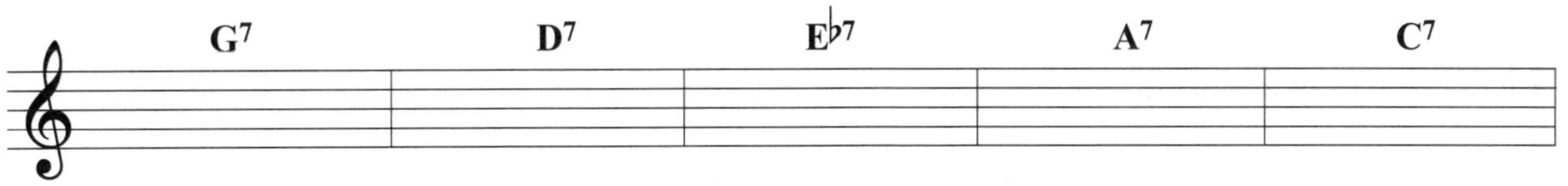
G7
D7
E♭7
A7
C7

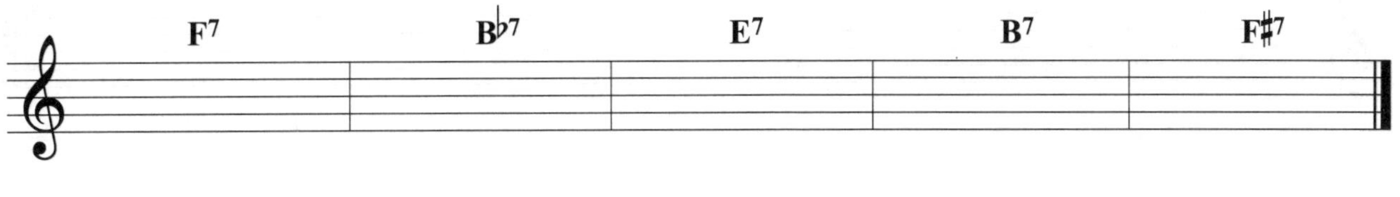
F7
B♭7
E7
B7
F♯7

Tríade Menor com Sétima

O acorde menor pode ter 7ª Maior ou menor.

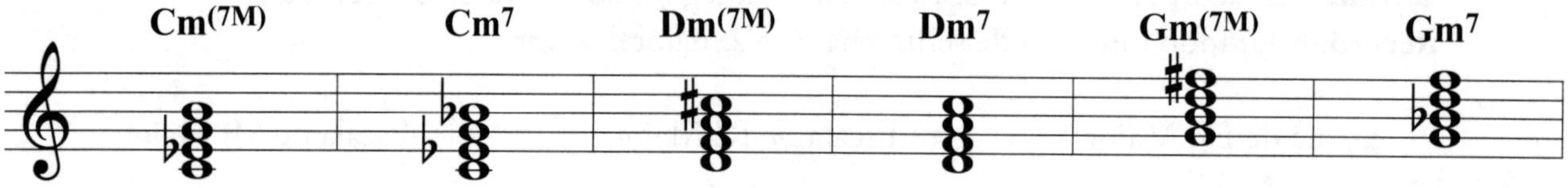
Cm(7M)
Cm7
Dm(7M)
Dm7
Gm(7M)
Gm7

39. Escreva os acordes, segundo as cifras, e toque-os.

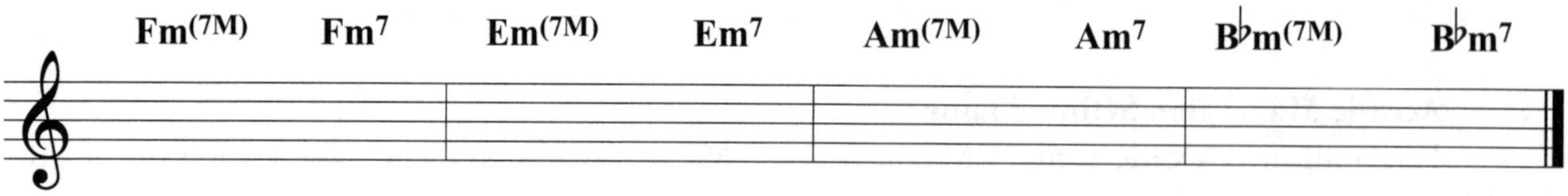
Fm(7M)
Fm7
Em(7M)
Em7
Am(7M)
Am7
B♭m(7M)
B♭m7

Acordes Semidiminutos

São aqueles cuja tríade é diminuta e a sétima é menor.

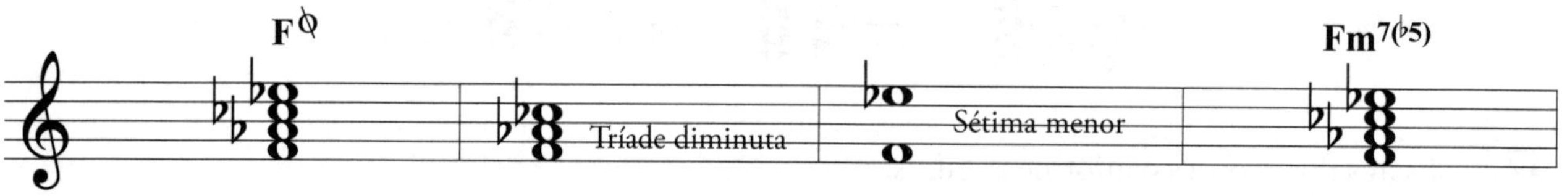
Fø
Tríade diminuta
Sétima menor
Fm7(♭5)

40. Escreva os acordes conforme as cifras.

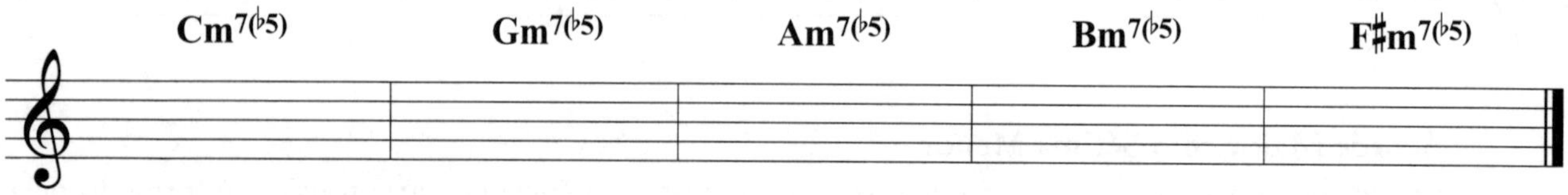
Cm7(♭5)
Gm7(♭5)
Am7(♭5)
Bm7(♭5)
F♯m7(♭5)

Acordes Diminutos

São os que têm a tríade diminuta e a sétima diminuta.
Todos os intervalos são terças menores.

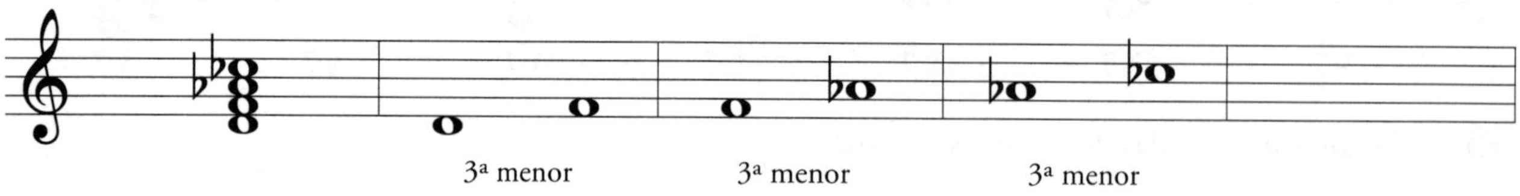
3ª menor
3ª menor
3ª menor

41. Escreva os acordes diminutos.

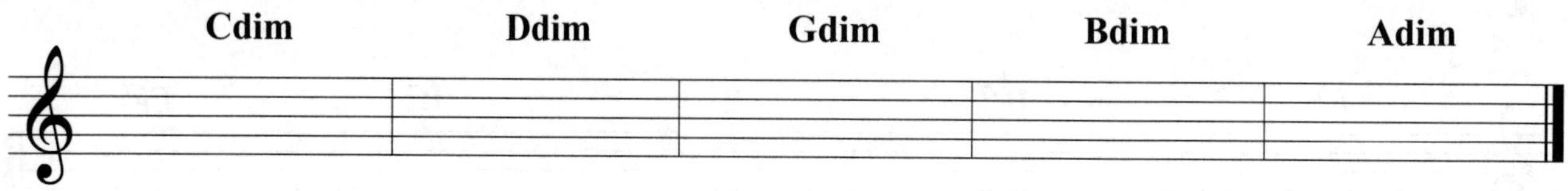
Cdim
Ddim
Gdim
Bdim
Adim

Campo Harmônico Maior

Tétrades

Acorde maior com 7ª Maior – I e IV
Acorde menor com 7ª menor – II, III, VI
Acorde maior com 7ª menor – V = dominante
Acorde semidiminuto – Tríade diminuta com 7ª menor

M com **7M = I e IV**
m com **7m = II, III, VI**
M com **7m = V**
m com **♭5 e 7m = VII**

42. Escreva o campo harmônico nas tonalidades dos exercícios de harmonização.

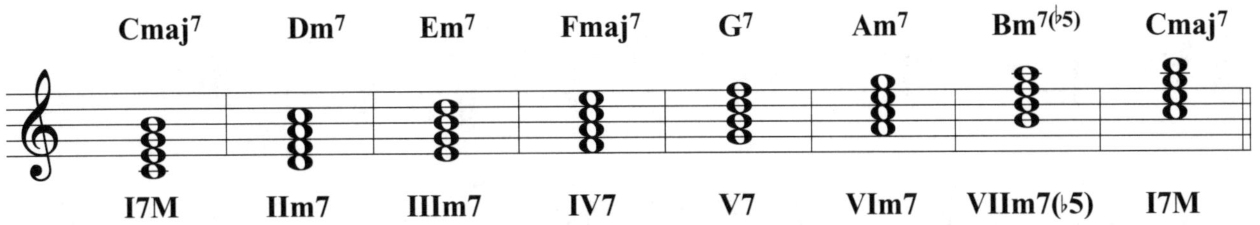
Cmaj7
Dm7
Em7
Fmaj7
G7
Am7
Bm7(♭5)
Cmaj7
I7M
IIm7
IIIm7
IV7
V7
VIm7
VIIm7(♭5)
I7M

Campo Harmônico Menor

Tétrades

43. Escreva o campo harmônico na tonalidade da peça que for harmonizar.

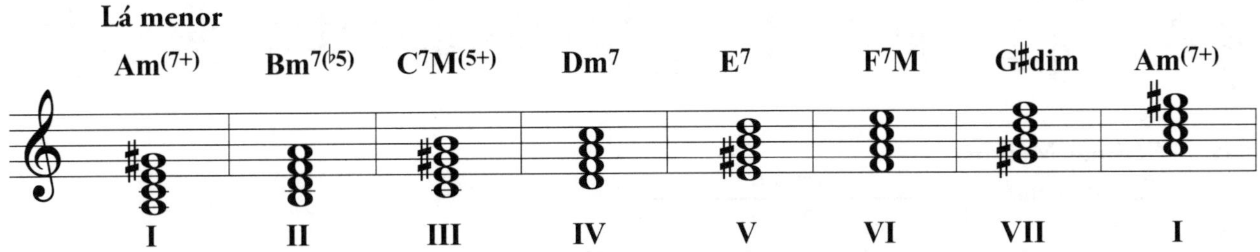
Lá menor
Am(7+)
Bm7(♭5)
C7M(5+)
Dm7
E7
F7M
G♯dim
Am(7+)
I
II
III
IV
V
VI
VII
I

Tétrades com Sétima Maior

O acorde maior com 7ª Maior tem função de tônica ou subdominante.

Formação do acorde maior, com 7ª Maior: tônica, 3ª, 5ª e 7ª notas da escala maior.

1. Tocar os acordes com as duas mãos.
2. Acorde na direita, arpejo na esquerda.
3. Acorde na esquerda, arpejo na direita.
4. Acorde na direita, baixo caminhante na esquerda.

44. *Tocar nas várias sequências: círculo de quartas, de quintas, cromático, terças etc.*

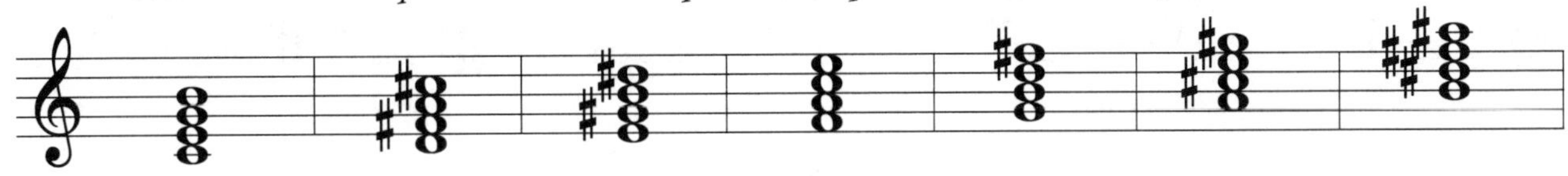

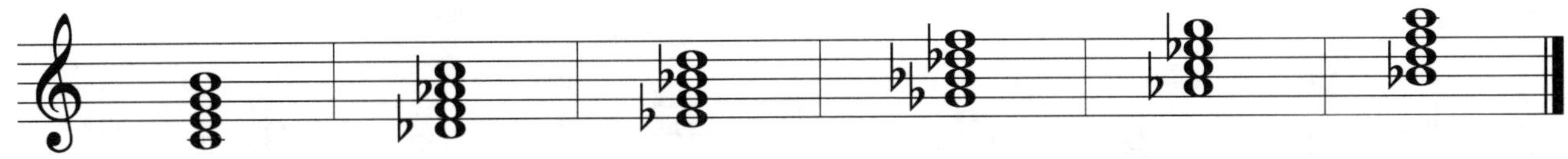

Tétrades - Inversões

45. *Fundamental*

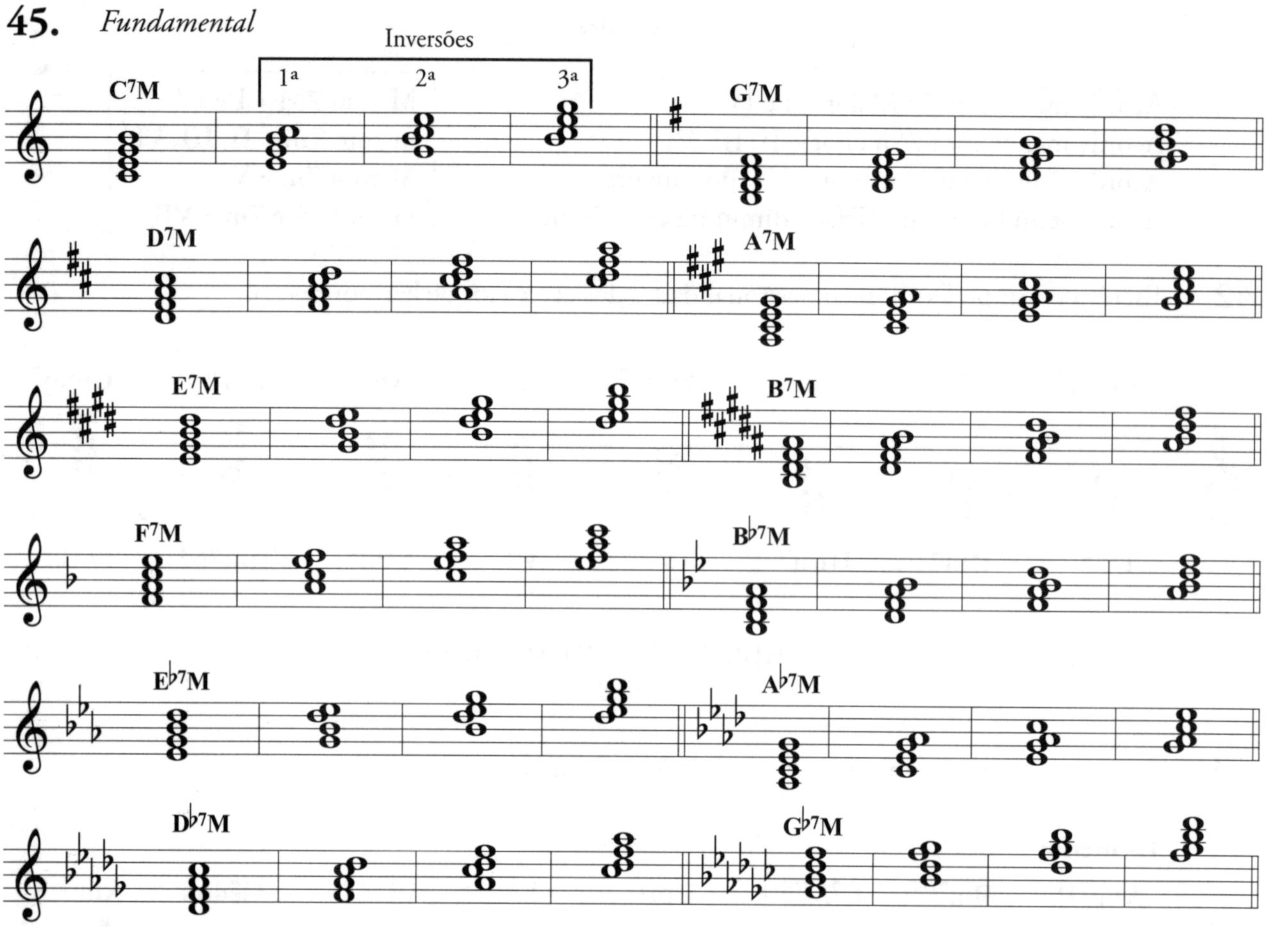

46. **Sétimas Menores**

Fundamental

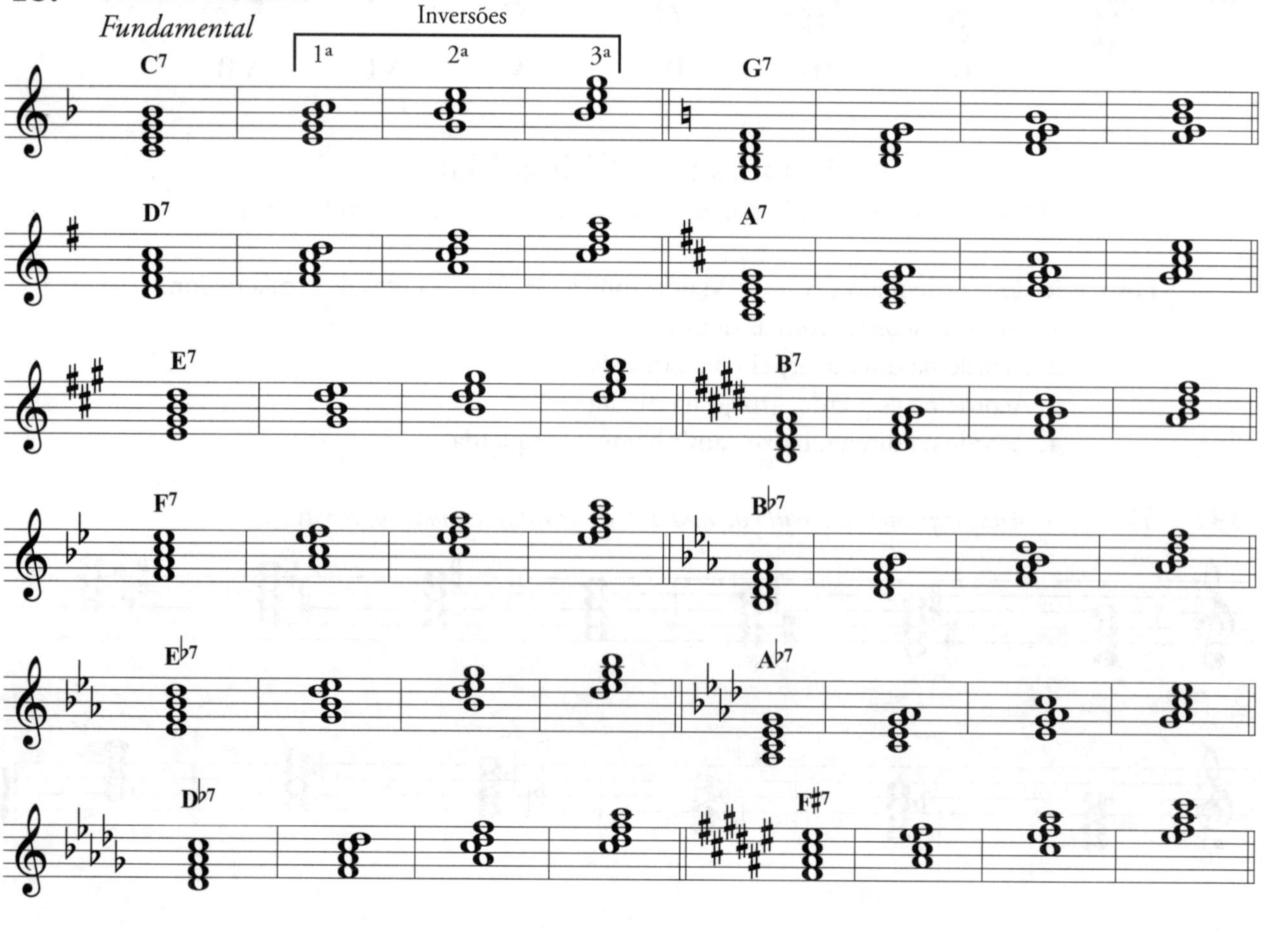

Tétrades com Tônica no Baixo

47. Maior com 7ª Maior

Formação: tônica no baixo, 7ª, 3ª e 5ª.

Primeiro grupo **Segundo grupo**

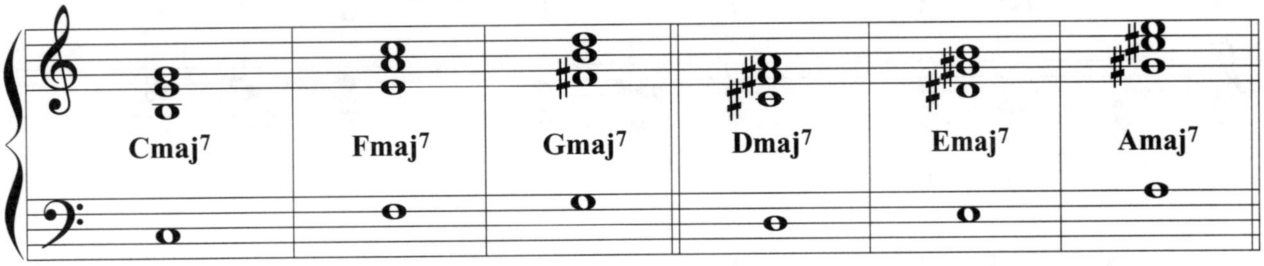
Cmaj7
Fmaj7
Gmaj7
Dmaj7
Emaj7
Amaj7

Terceiro grupo **Quarto grupo**

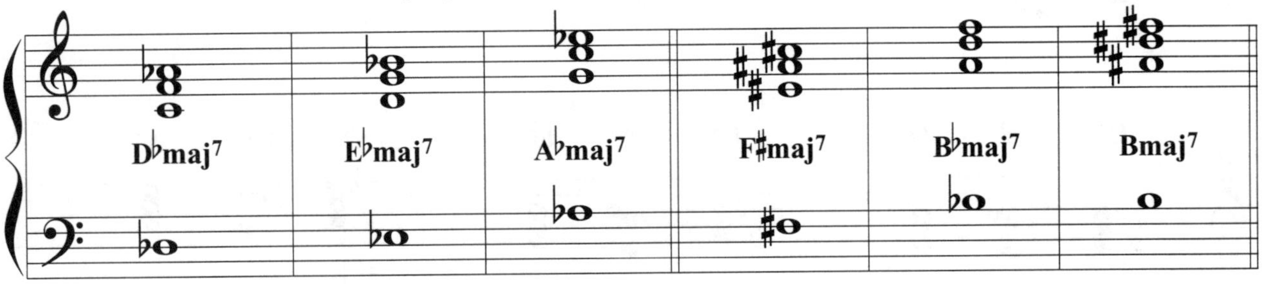
D♭maj7
E♭maj7
A♭maj7
F♯maj7
B♭maj7
Bmaj7

48. Maior com 7ª menor

O acorde maior com 7ª menor tem função de dominante.

Primeiro grupo **Segundo grupo**

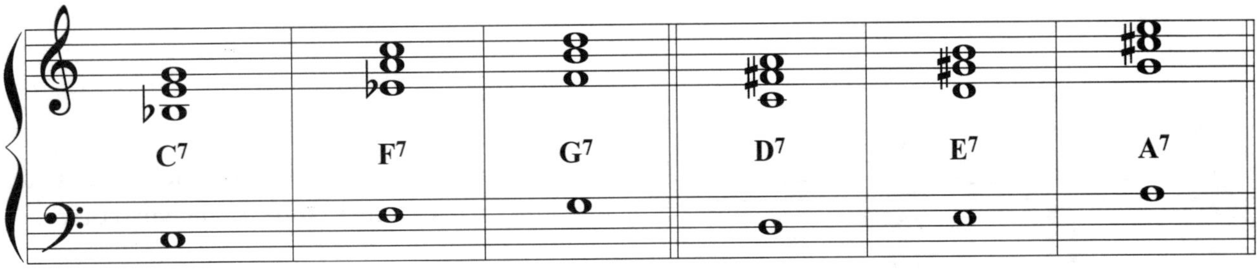
C7
F7
G7
D7
E7
A7

Terceiro grupo **Quarto grupo**

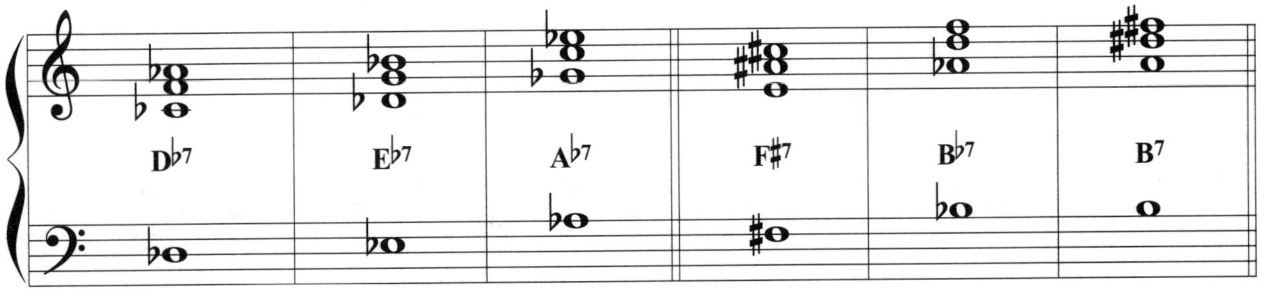
D♭7
E♭7
A♭7
F♯7
B♭7
B7

Encadeamentos

I	V7
Tônica •	Dominante

49.

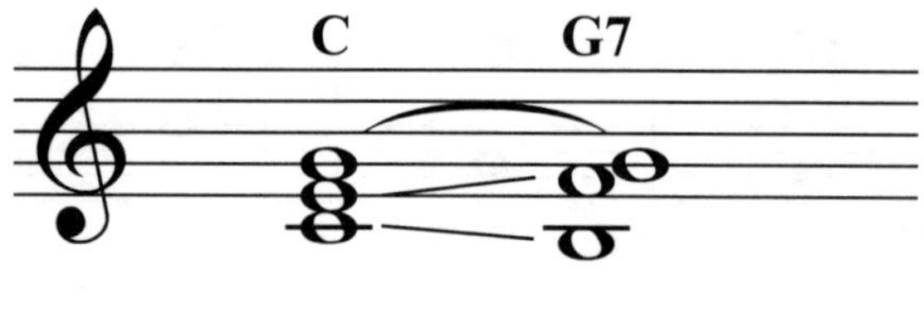

Acontece a mesma coisa em todos os exercícios: a nota de cima fica a mesma, a do meio sobe e a de baixo desce.

Sugestão para o baixo:

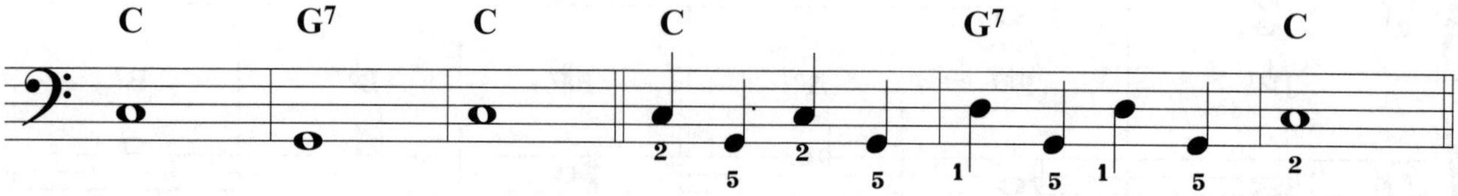

Aplicar esquemas rítmicos (*Guia do professor*).

I	IV	V7	I
Tônica •	Subdominante •	Dominante •	Tônica

50.

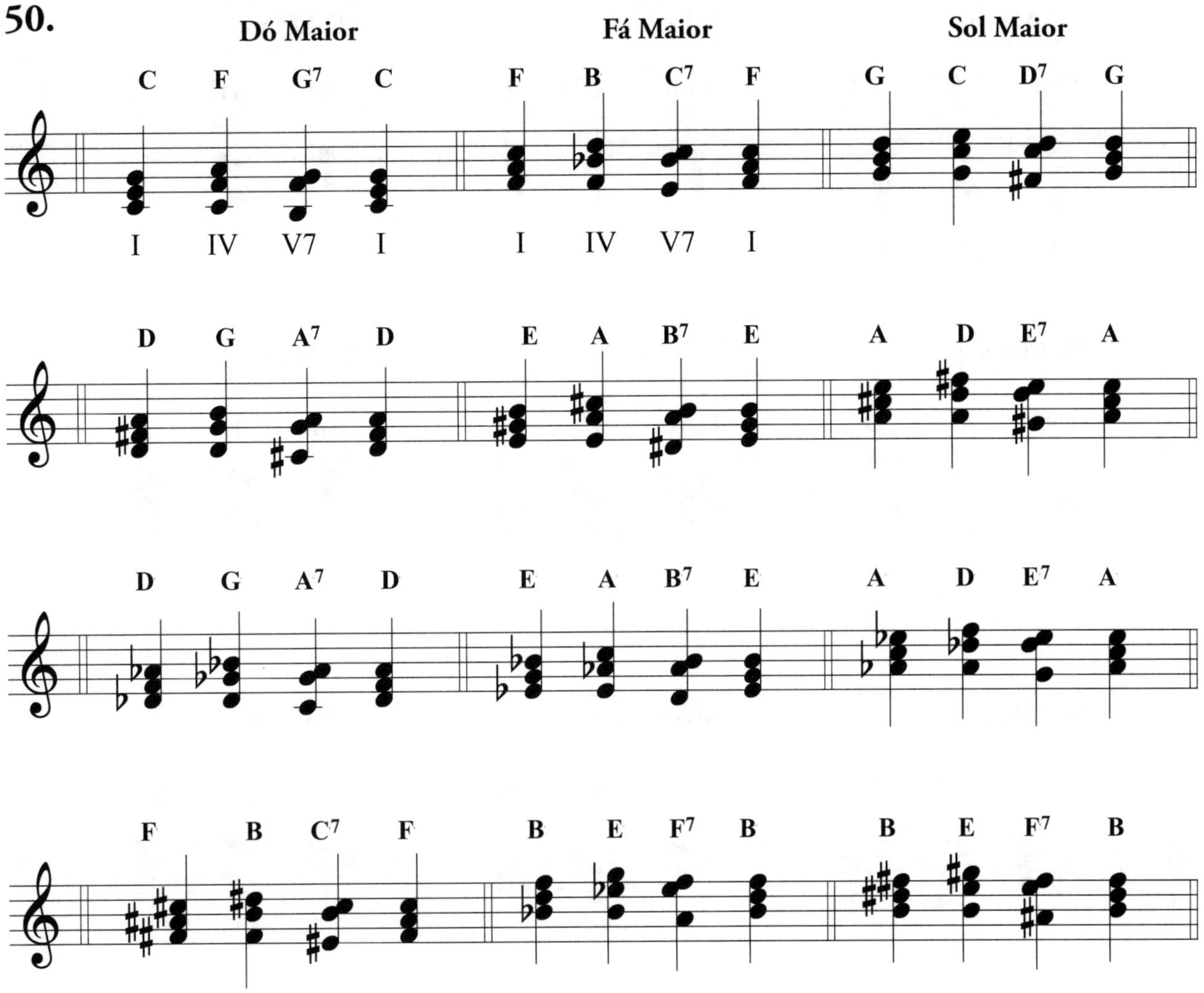

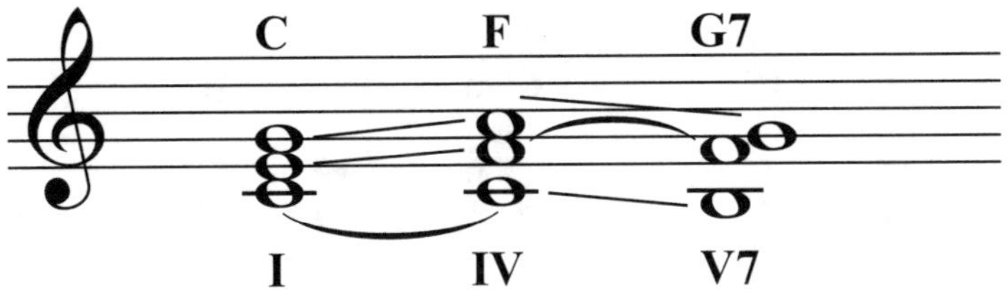

Exercitar os acordes com as mãos alternadas e juntas, depois a esquerda faz o baixo.

Sugestão para o baixo:

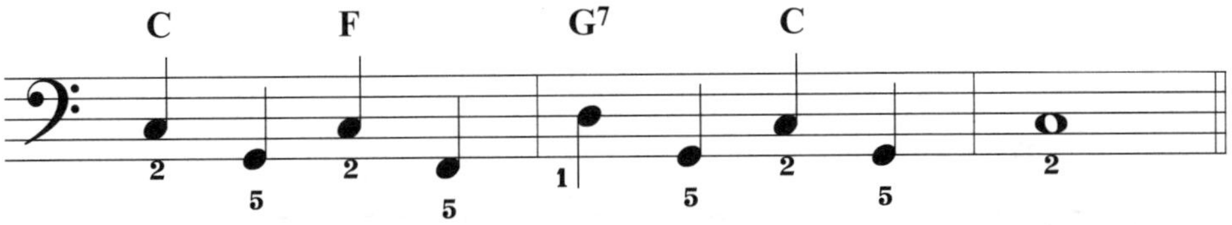

Em qualquer tonalidade a posição dos dedos será a mesma e o dedilhado também.

Levadas rítmicas: no *Guia do Professor*.

II • V7 • I
Relativo da Subdominante • Dominante • Tônica

51. Dó Maior — Fá Maior — Sol Maior

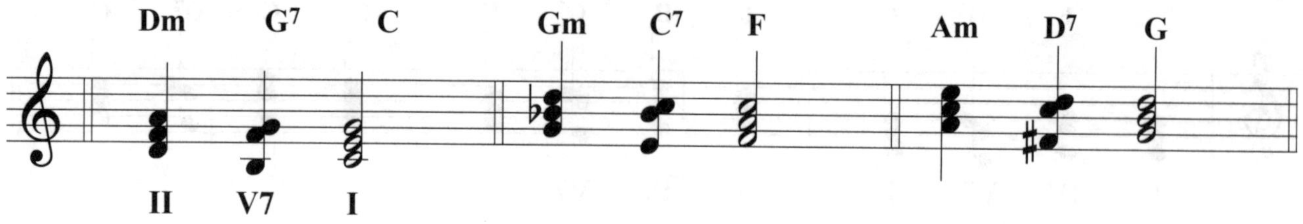

Ré Maior — Mi Maior — Lá Maior

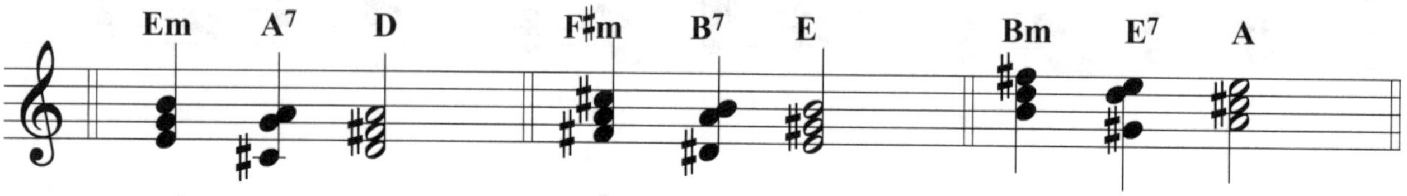

Ré♭ Maior — Mi♭ Maior — Lá♭ Maior

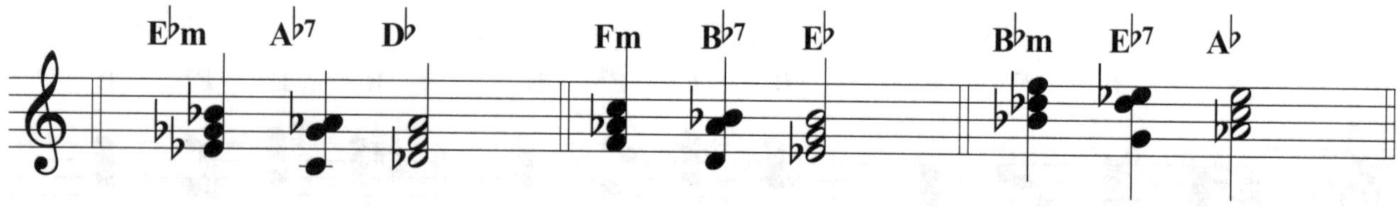

Sol♭ Maior — Si♭ Maior — Si Maior

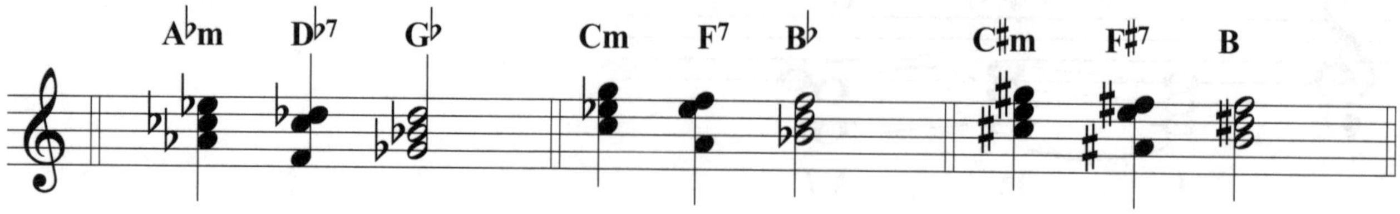

Sugestão para o baixo:

VI	II	V7	I
Relativo da Tônica •	Relativo da Subdominante •	Dominante •	Tônica

VI representa o 6º acorde da escala: relativo da tônica.

52. Dó Maior | Fá Maior | Sol Maior

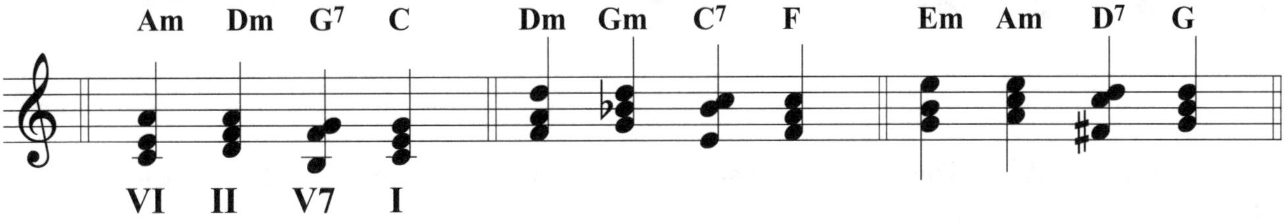

Ré Maior | Mi Maior | Lá Maior

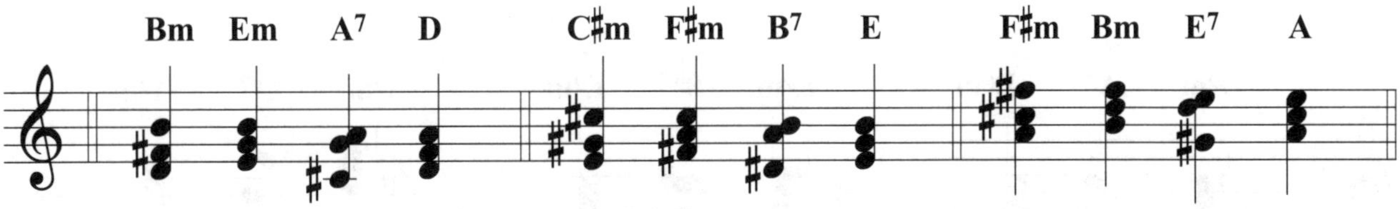

Ré♭ Maior | Mi♭ Maior | Lá♭ Maior

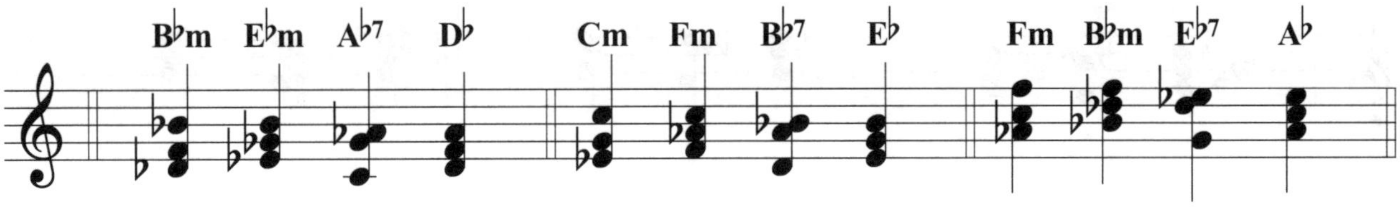

Sol♭ Maior | Si♭ Maior | Si Maior

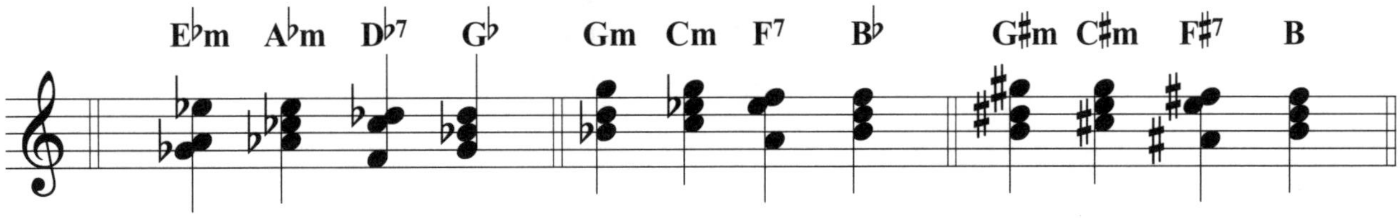

Modo menor
Im • V7 • Im

53.

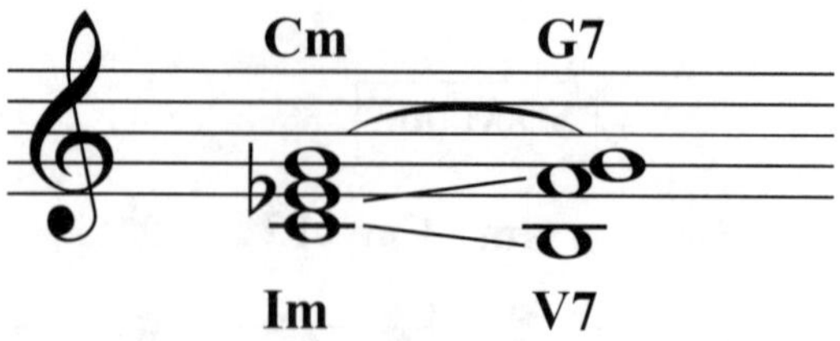

Im • IVm • V7 • Im

54. **Dó menor** — **Fá menor** — **Sol menor**

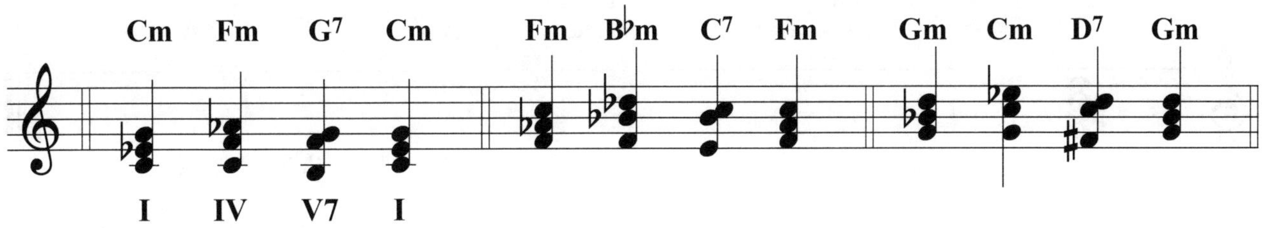
Cm Fm G7 Cm
Fm B♭m C7 Fm
Gm Cm D7 Gm
I IV V7 I

Ré menor — **Mi menor** — **Lá menor**

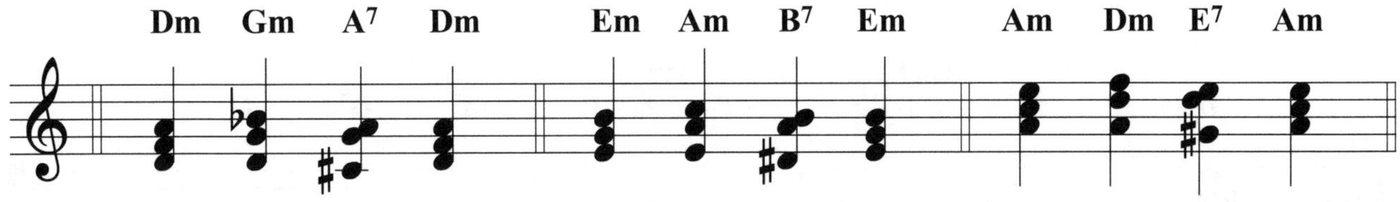
Dm Gm A7 Dm
Em Am B7 Em
Am Dm E7 Am

Dó♯ menor — **Mi♭ menor** — **Lá♭ menor**

Fá♯ menor — **Si♭ menor** — **Si menor**

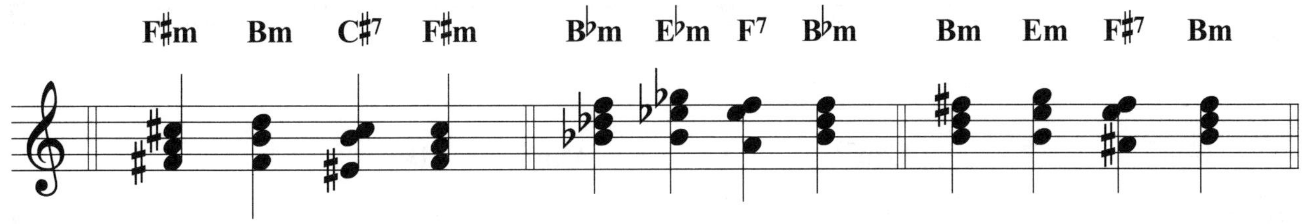
F♯m Bm C♯7 F♯m
B♭m E♭m F7 B♭m
Bm Em F♯7 Bm

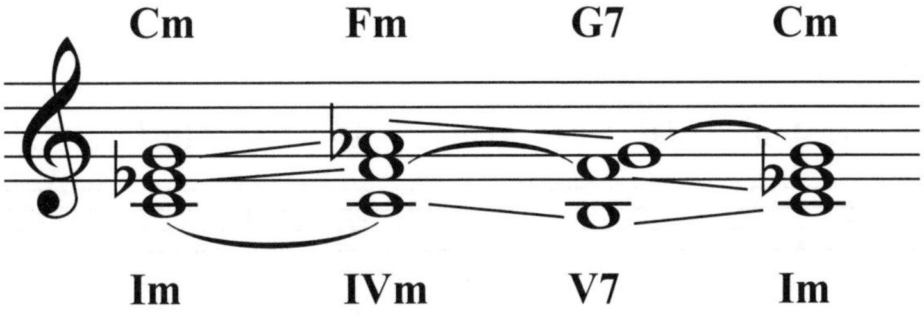
Cm Fm G7 Cm
Im IVm V7 Im

II • V7
Círculo de quartas

55. Escreva e toque:

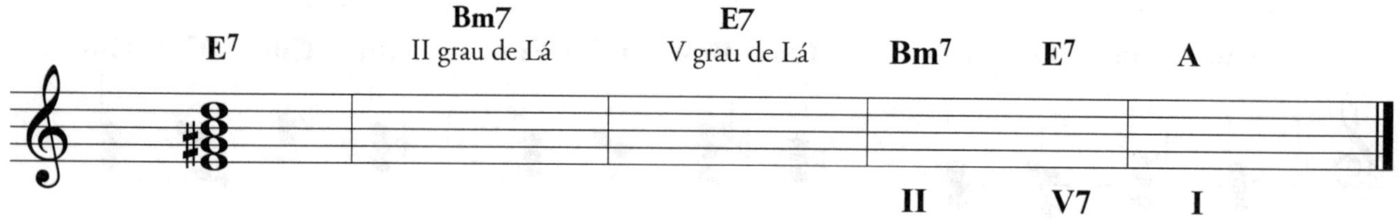
E7
Bm7
II grau de Lá
E7
V grau de Lá
Bm7
E7
A
II
V7
I

A7
Em7
II grau de Ré
A7
V grau de Ré
Em7
A7
D

D7
Am7
II grau de Sol
D7
V grau de Sol
Am7
D7
G

56. **Improvise:** círculo de quartas.

57. Escreva as tonalidades:

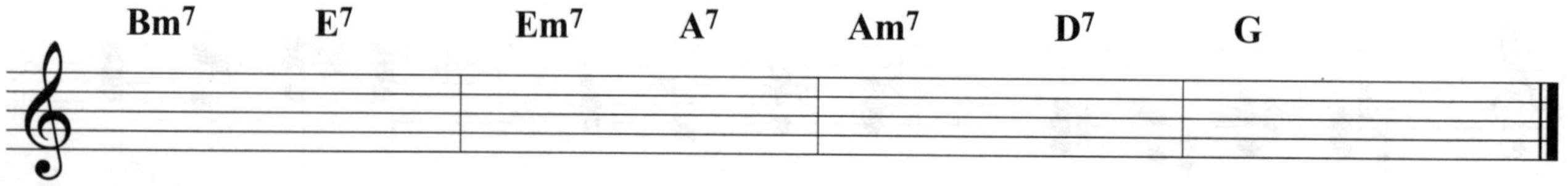
Bm7
E7
Em7
A7
Am7
D7
G

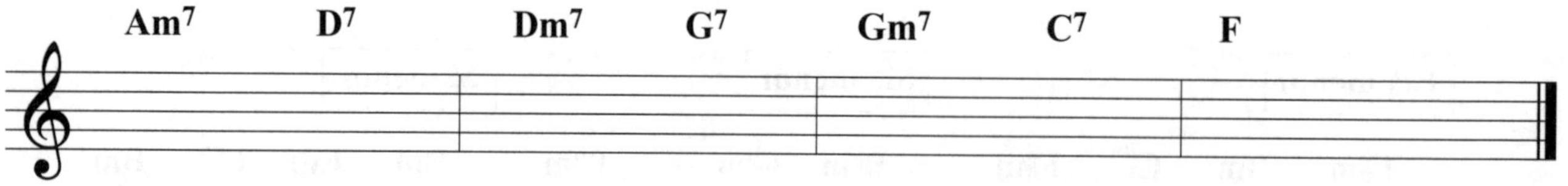
Am7
D7
Dm7
G7
Gm7
C7
F

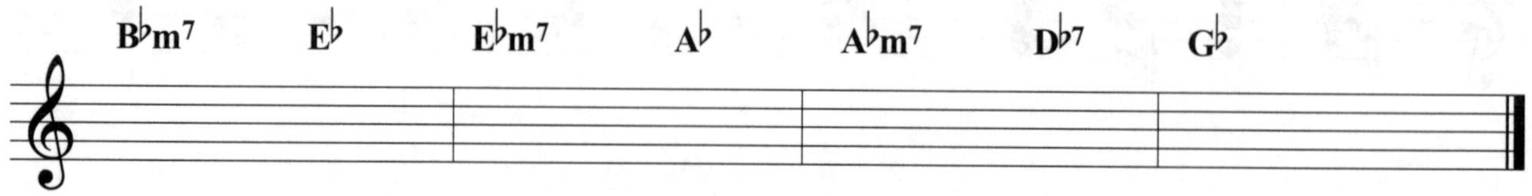
B♭m7
E♭
E♭m7
A♭
A♭m7
D♭7
G♭

58. Progressão cromática.

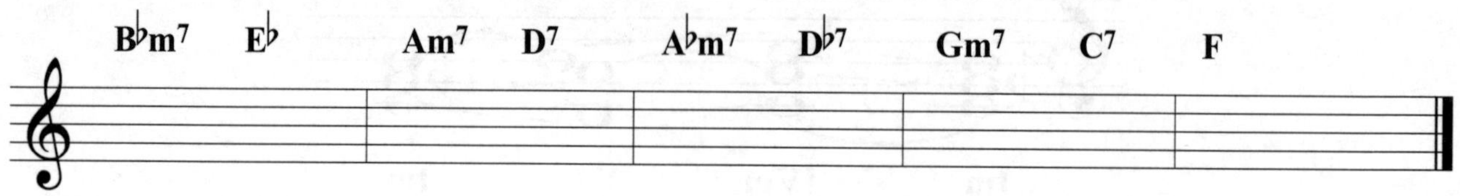
B♭m7
E♭
Am7
D7
A♭m7
D♭7
Gm7
C7
F

Inversões
I • V7 • I
Modo Maior

59. **Dó Maior** 1ª inversão 2ª inversão **Fá Maior**

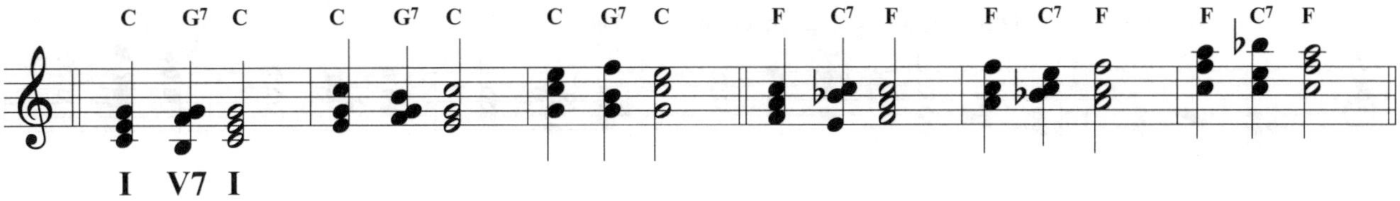

Sol Maior **Ré Maior**

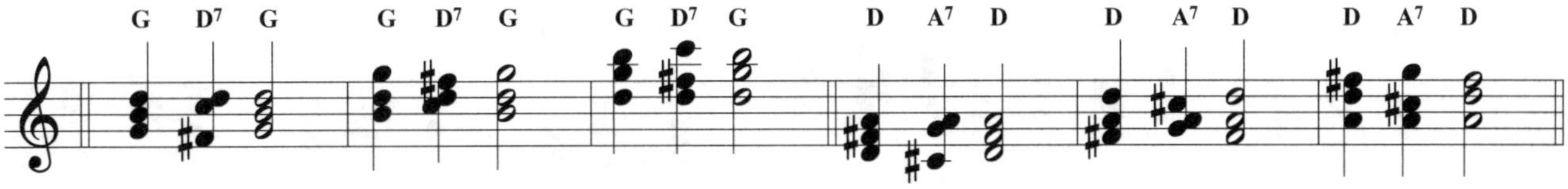

Mi Maior **Lá Maior**

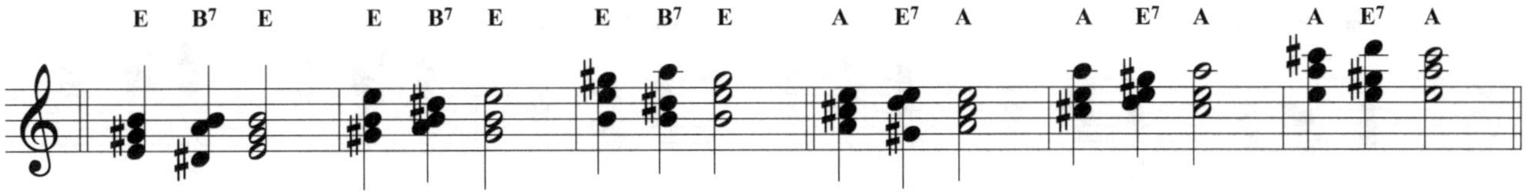

Ré♭ Maior **Mi♭ Maior**

Lá♭ Maior **Sol♭ Maior**

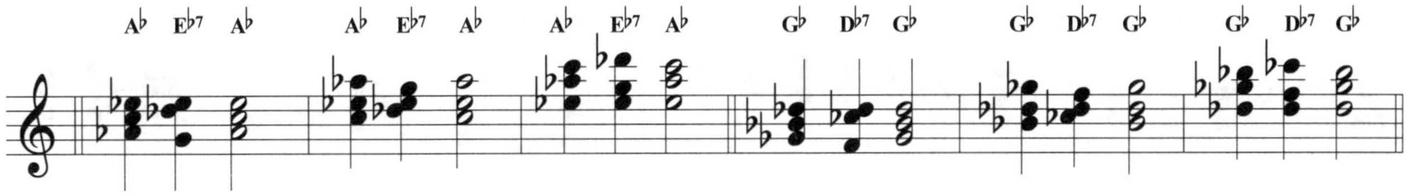

Si♭ Maior **Si Maior**

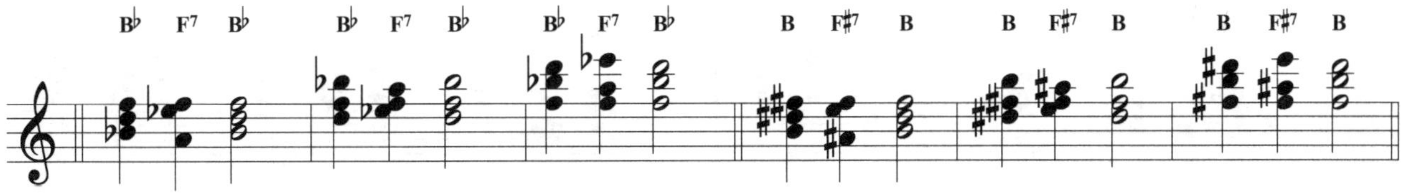

60. Exercitar com acorde na direita e baixo na esquerda. Aplicar padrões rítmicos.

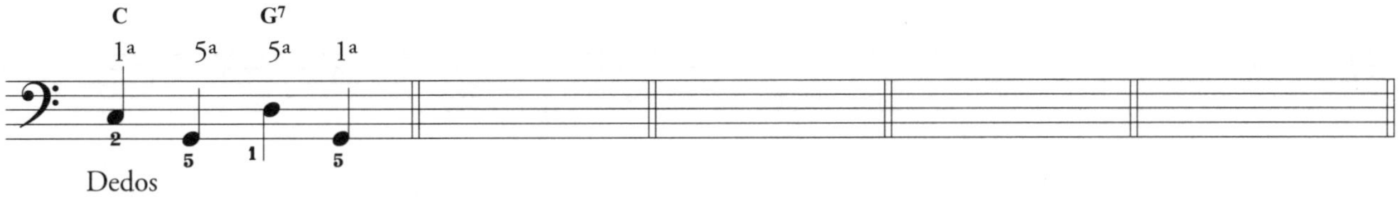

Inversões
Im • V7 • Im
Modo Menor

61. **Dó menor** **Fá menor**

Sol menor **Ré menor**

Mi menor **Lá menor**

Ré♭ menor **Mi♭ menor**

Lá♭ menor **Fá♯ menor**

Si♭ menor **Si menor**

62. Escreva a linha do baixo e toque:

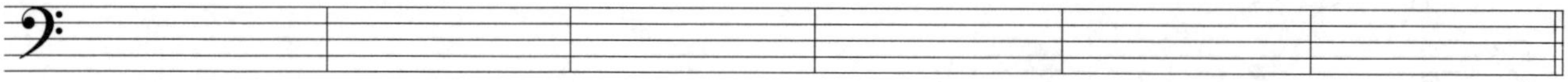

Inversões
II • V7 • I
Campo Harmônico Maior

63. Dó Maior — Fá Maior — Sol Maior — Ré Maior — Mi Maior — Lá Maior — Réb Maior — Mib Maior — Láb Maior — Solb Maior — Sib Maior — Si Maior

Inversões
Tétrades
IIm7 • V7 • I7M

64. Dó Maior

Dm7 G7 C7M Dm7 G7 C7M Dm7 G7 C7M Dm7 G7 C7M
Posição fundamental
1ª inversão
2ª inversão
3ª inversão

Sol Maior

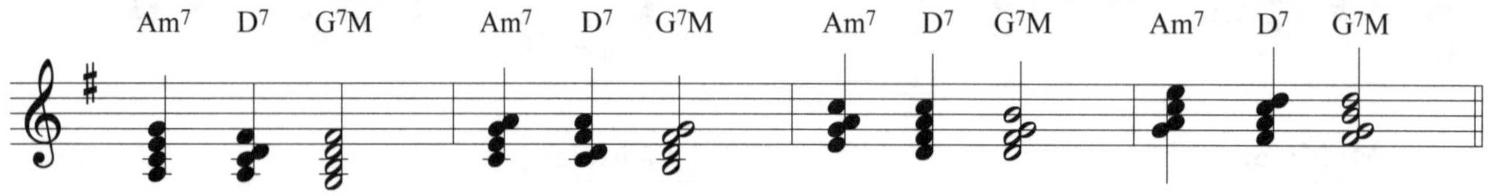
Am7 D7 G7M Am7 D7 G7M Am7 D7 G7M Am7 D7 G7M

Ré Maior

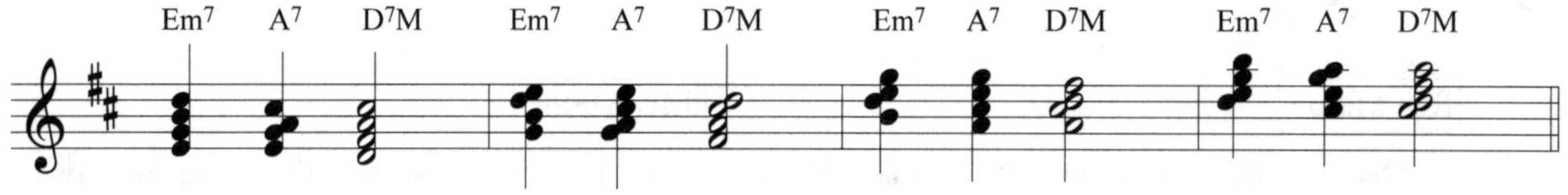
Em7 A7 D7M Em7 A7 D7M Em7 A7 D7M Em7 A7 D7M

Lá Maior

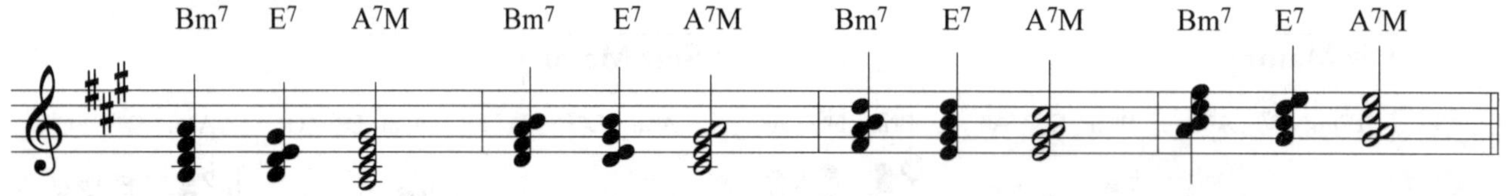
Bm7 E7 A7M Bm7 E7 A7M Bm7 E7 A7M Bm7 E7 A7M

Mi Maior

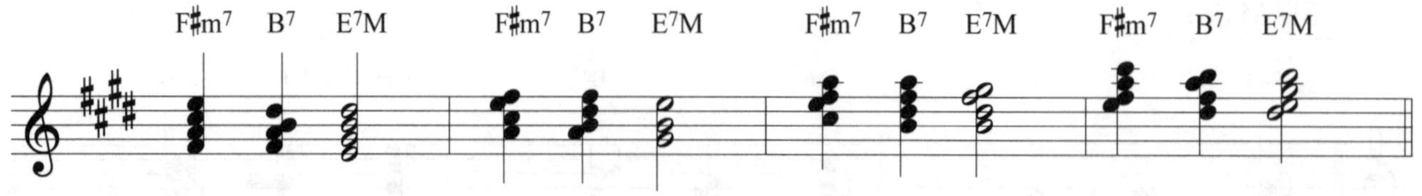
F♯m7 B7 E7M F♯m7 B7 E7M F♯m7 B7 E7M F♯m7 B7 E7M

Si Maior

C♯m7 F♯7 A7M C♯m7 F♯7 A7M C♯m7 F♯7 A7M C♯m7 F♯7 A7M

Acordes Posição Aberta

Observe o encaminhamento das vozes.

65.

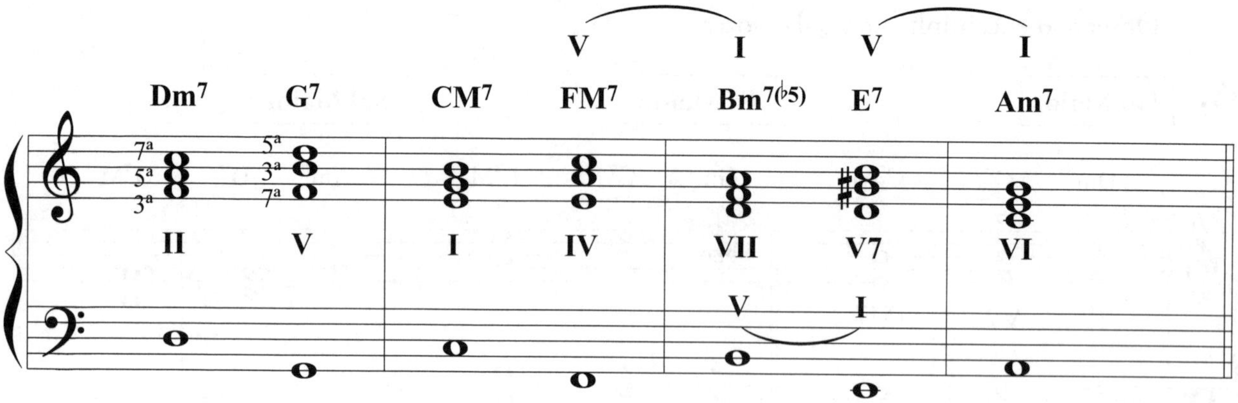

Áreas Tonais:

Tônica - I, relativo VI, anti-relativo III. Os relativos são acordes substitutos.
Dominante - V e VII.
Subdominante - IV, relativo II.

Dominantes Secundárias

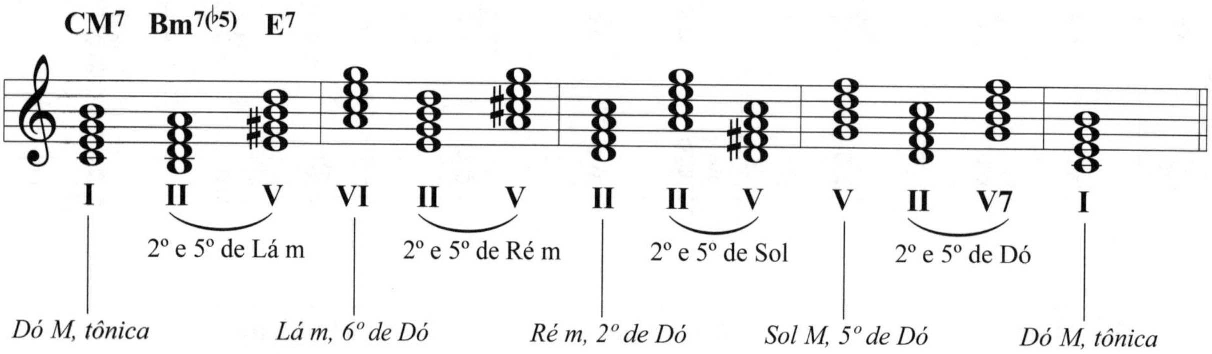

66. Treino Para Improviso

Acrescente notas do acorde ou de passagem entre as notas da melodia.

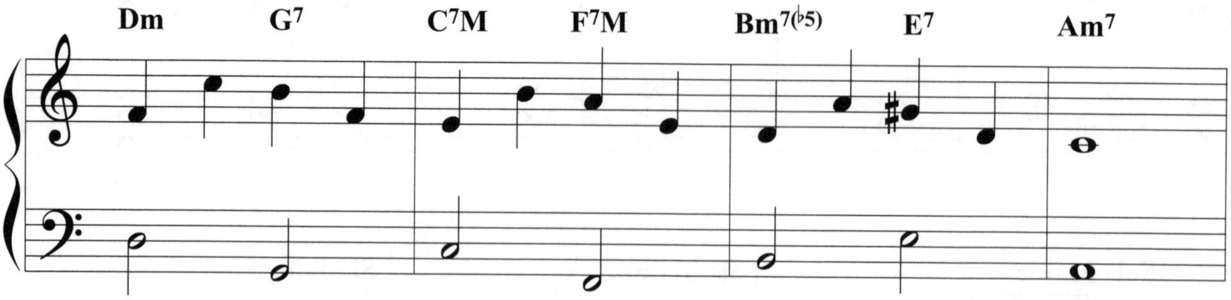

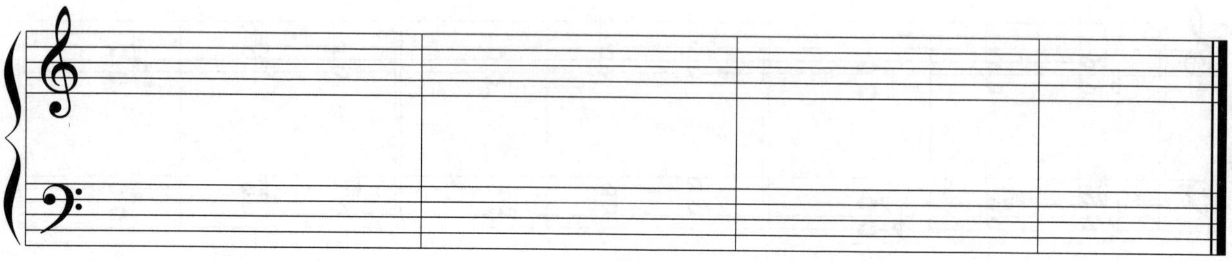

Conhecimentos Básicos
Acidentes

São chamados acidentes os sinais que alteram a altura dos sons.
São eles: o sustenido, o bemol, o bequadro, o dobrado sustenido, o dobrado bemol.

Sustenido
Eleva 1 semitom

Bemol
Abaixa 1 semitom

Bequadro
Anula o efeito do sustenido e do bemol

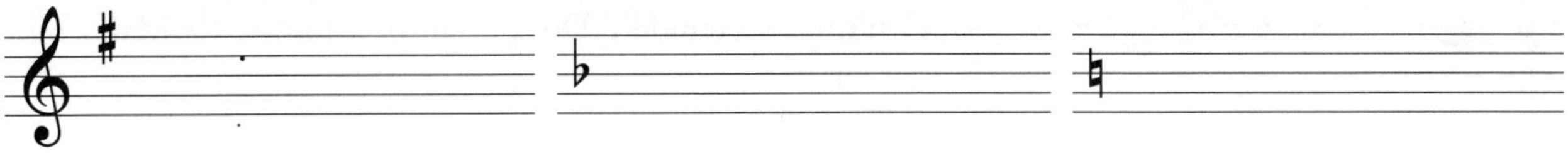

Dobrado Sustenido
Eleva 1 tom

Dobrado Bemol
Abaixa 1 tom

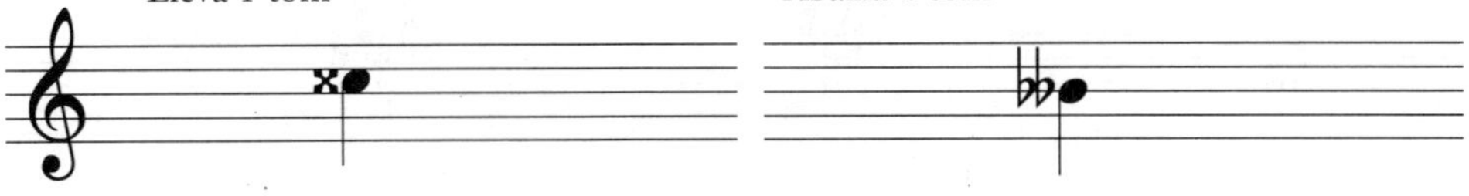

Ordem dos sustenidos na clave: Fá, Dó, Sol, Ré, Lá, Mi e Si.

67. *Copiar*

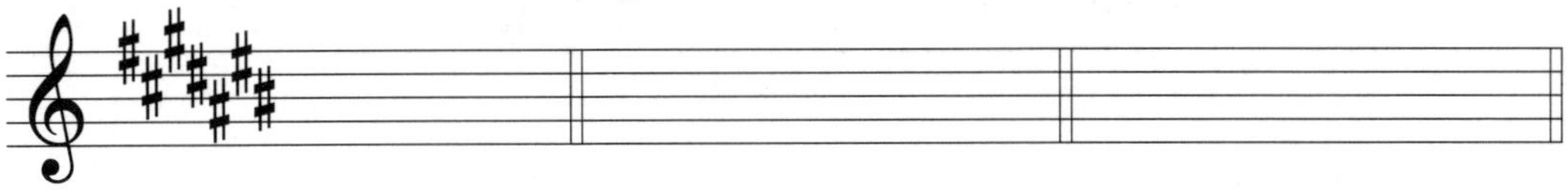

A ordem dos bemóis é o inverso dos sustenidos: Si, Mi, Lá, Ré, Sol, Dó e Fá.

68. *Copiar*

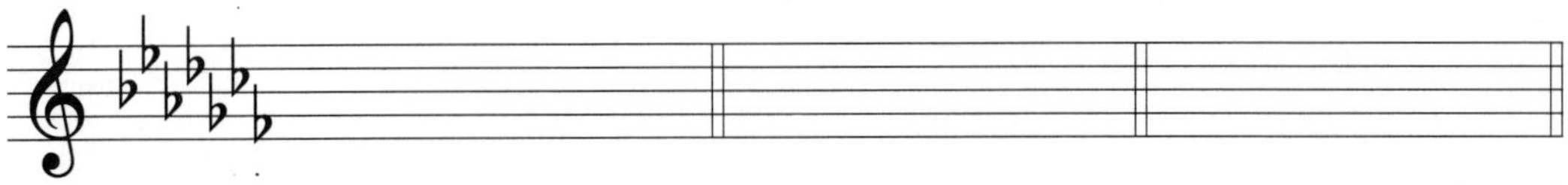

69. Escreva os acidentes antes das notas:

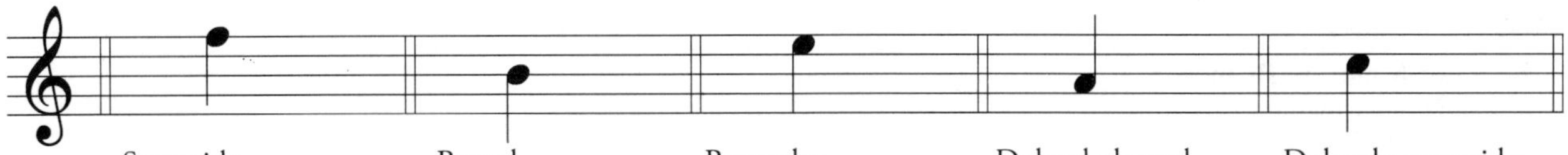

Sustenido | Bemol | Bequadro | Dobrado bemol | Dobrado sustenido

70. Escreva os acidentes indicados, conforme a armadura de clave:

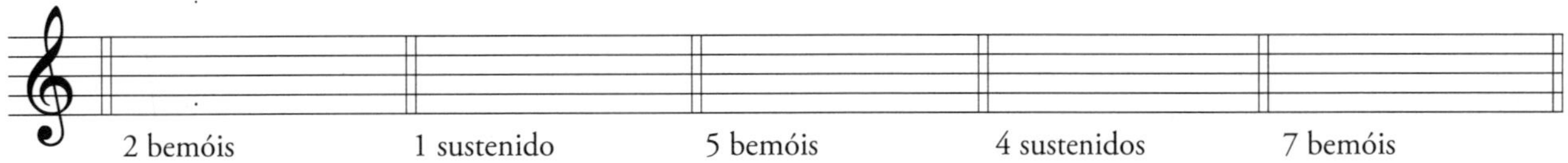

2 bemóis | 1 sustenido | 5 bemóis | 4 sustenidos | 7 bemóis

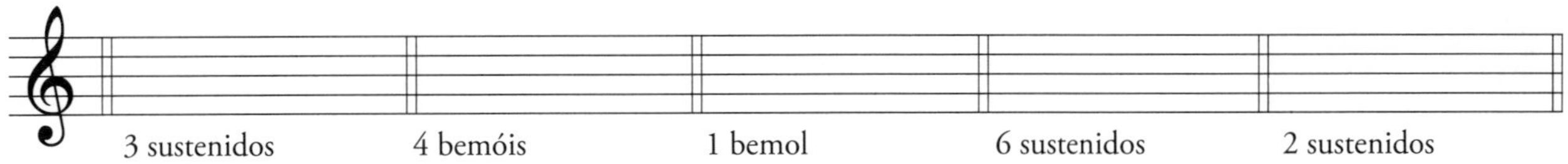

3 sustenidos | 4 bemóis | 1 bemol | 6 sustenidos | 2 sustenidos

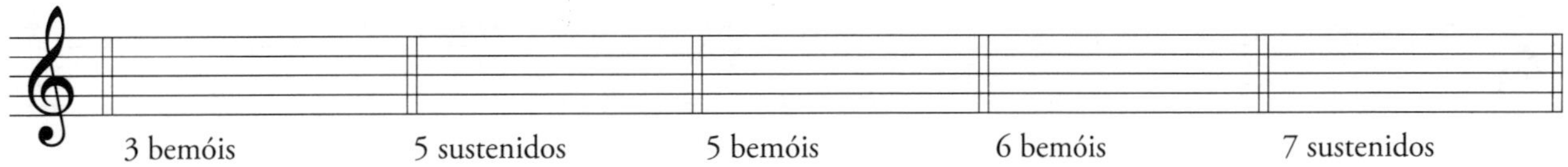

3 bemóis | 5 sustenidos | 5 bemóis | 6 bemóis | 7 sustenidos

Armaduras de Clave

Para saber a tonalidade ou tom de uma música, o primeiro passo é saber a armadura de clave, ou seja, quantos e quais são os acidentes.

Se forem sustenidos, você lê o último e conta uma nota acima.
Essa será a tonalidade (para as escalas maiores).

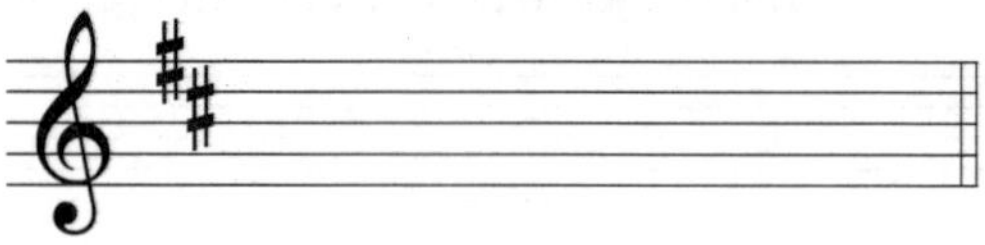

O último sustenido é Dó, portanto, o tom é: Ré Maior ou o seu relativo.

71. Escreva a tonalidade das armaduras de clave abaixo:

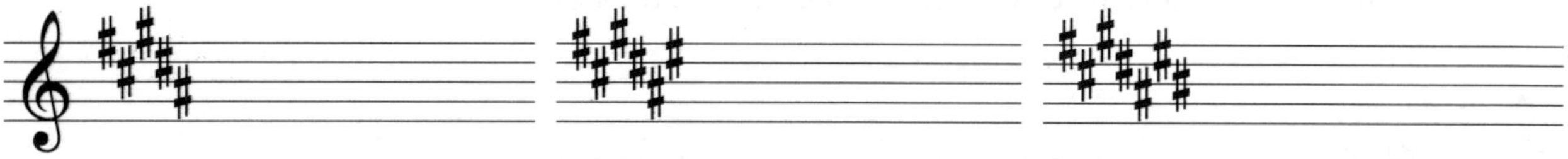

Para as tonalidades de bemóis é só identificar o penúltimo bemol.

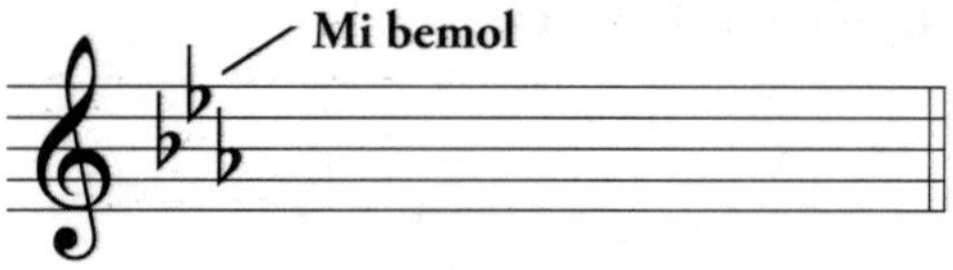

Tonalidade: Mi bemol Maior ou Dó menor.

72. Escreva a tonalidade:

Fá Maior ou Ré menor
Nesta armadura não existe o penúltimo.

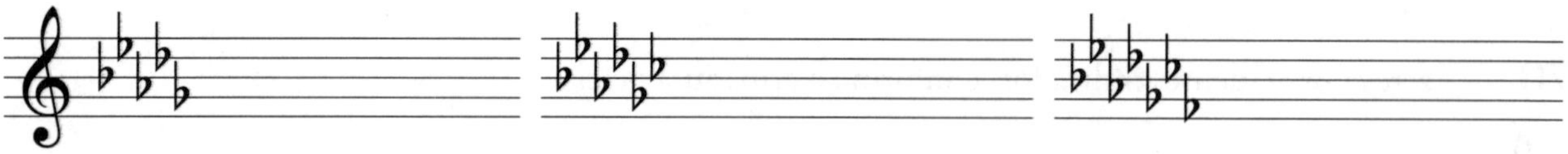

73. Escreva as armaduras de clave de:

Mi **Sol** **Lá♭** **Ré** **Ré♭** **Si**

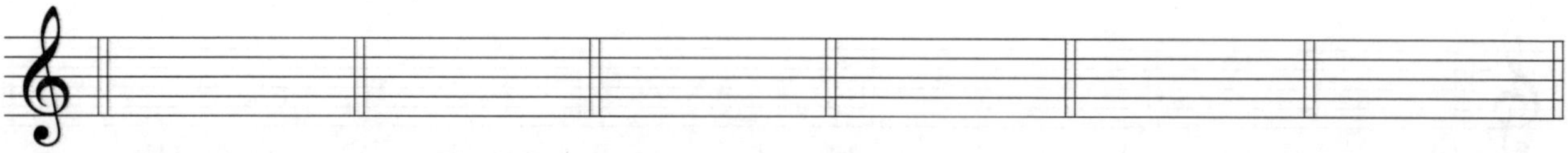

Dó **Si♭** **Fá♯** **Fá** **Mi♭** **Sol♭**

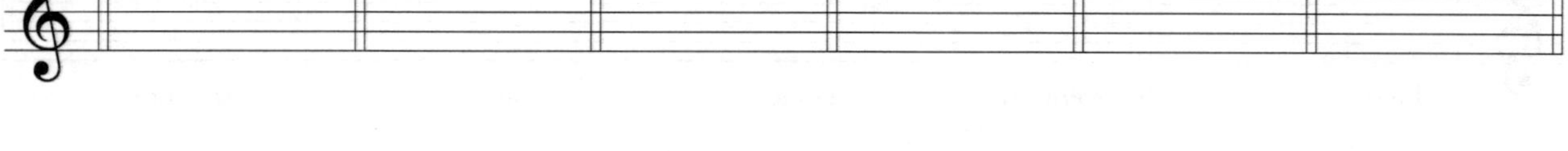

Tonalidade

Pela armadura de clave pode-se dizer que uma peça musical está no modo maior ou menor. A armadura é a mesma para os dois modos. O que diferencia é a alteração do VII grau e, por consequência, toda a parte harmônica. A diferença entre o modo maior e o menor é de uma terça menor (1 tom e meio).

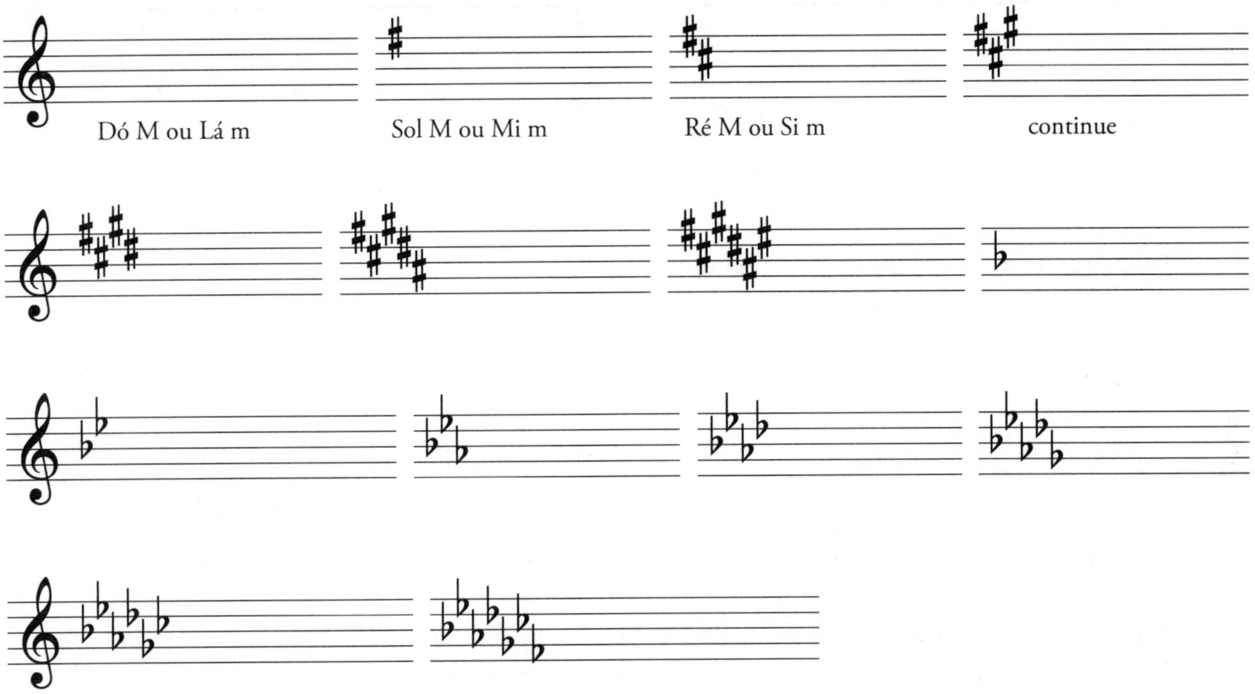
Dó M ou Lá m
Sol M ou Mi m
Ré M ou Si m
continue

Para determinar com exatidão a tonalidade de uma música ou trechos, além da armadura de clave, deve-se observar os acidentes ocorrentes. Se encontrar o 7º grau alterado ascendentemente é provável que esteja no tom menor. Para não haver dúvidas, analise pelo campo harmônico.

Esse procedimento é importante para harmonizar e cifrar uma melodia.

74. Harmonize e determine o tom dos trechos a seguir.

1.

2.

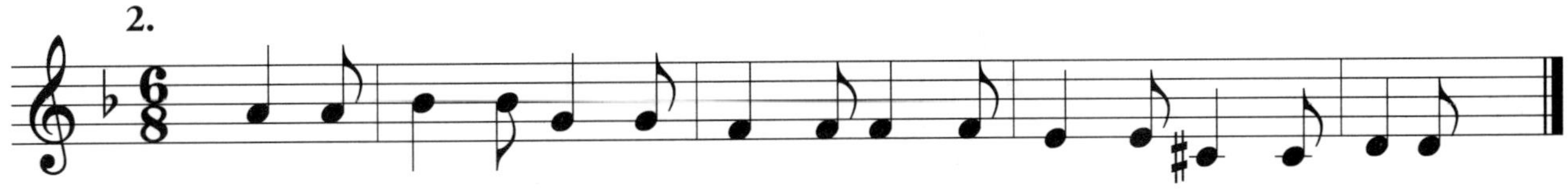

Faça a análise da peça antes de tocá-la.

Mais exercícios de harmonização no livro *Repertório e Harmonia.*

Formação das Escalas Maiores

As escalas maiores são formadas por 8 notas, divididas em dois grupos de 4 notas. Cada grupo chama-se tetracorde (do grego: tetra = 4, corde = nota).

As notas são separadas por distâncias, chamadas de *tons* e *semitons*.

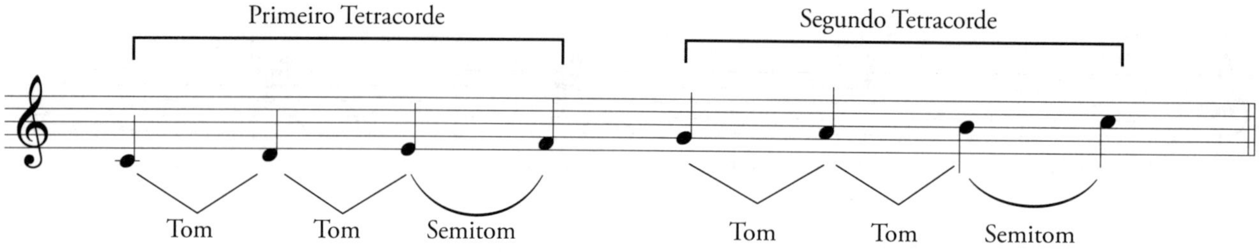

O segundo tetracorde gera a escala seguinte.

Assim, foram geradas todas as escalas maiores.

Sol Maior

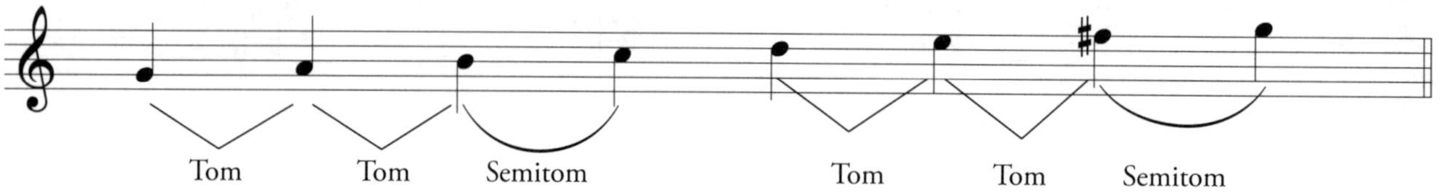

Este é o segundo tetracorde da escala de Dó Maior e agora o primeiro da nova escala, que é Sol.

Para que a escala tenha o mesmo formato, é necessário o uso do sustenido (♯) na sétima nota da nova escala.

75. *Usando sempre o segundo tetracorde, escreva as escalas seguintes.*

Ciclo de Quintas e Quartas

Verificamos, após o exercício de formação das escalas através dos tetracordes, que a 1ª nota do 2º tetracorde (que é a 5ª nota da escala) dá origem a uma nova escala. Daí a origem do ciclo ou círculo das quintas. Esse estudo é de grande importância para o entendimento das progressões de acordes, modulação e improvisação.

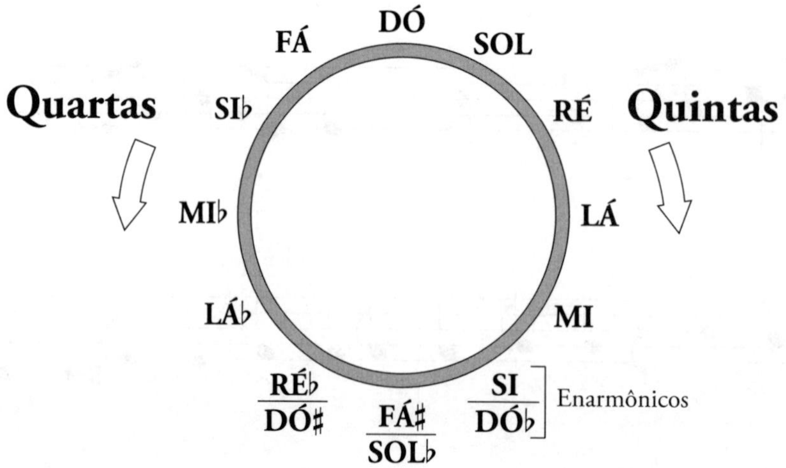

Tons Vizinhos

São considerados tons vizinhos as tonalidades 5ª acima e 5ª abaixo do tom principal.

São considerados tons vizinhos também os seus relativos e os homônimos (ex.: Dó M e Dó m).

Notas, Escalas e Acordes Enarmônicos

São notas com escrita diferente, mas com mesmo som.
Toca-se na mesma tecla. Exemplo:

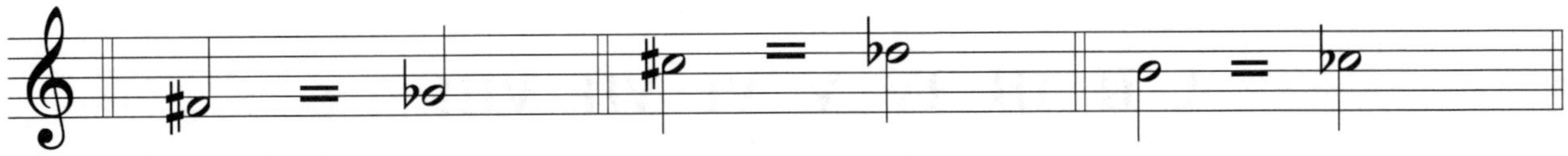

Acordes enarmônicos:

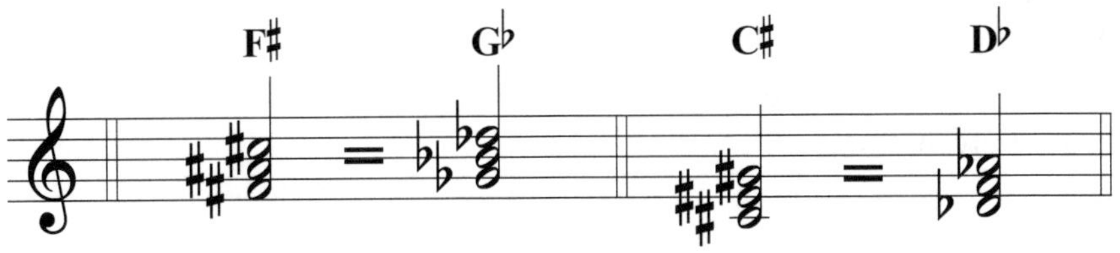

Exercícios

76. Escreva as notas enarmônicas de:

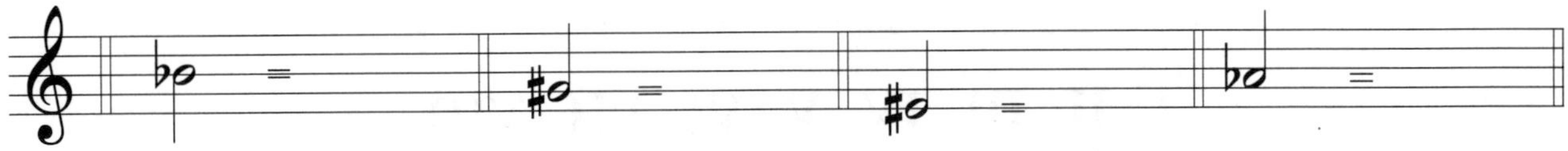

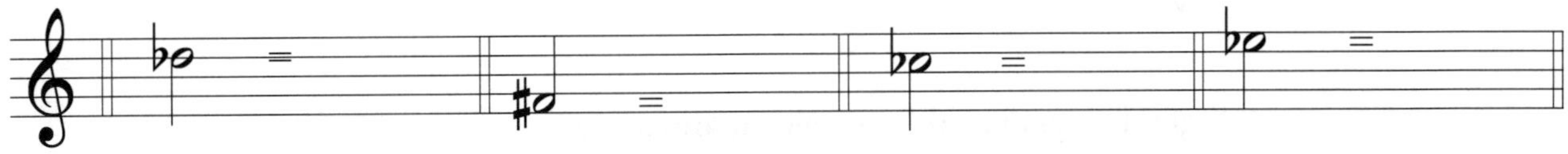

77. Escreva os acordes enarmônicos:

78. Escreva as enarmônicas das escalas abaixo:

Intervalos

A distância entre duas notas chama-se INTERVALO.
Para classificar os intervalos, usamos a escala maior.
Os algarismos romanos representam as notas da escala e chamam-se GRAUS.

I II III IV V VI VII VIII

Do I para o II, temos o intervalo de segunda.
Do I para o III, temos o intervalo de terça.
Do I para o IV, temos o intervalo de quarta.
Do I para o V, temos o intervalo de quinta
e assim sucessivamente.

Veja abaixo, através do gráfico, como reconhecer rapidamente os intervalos dentro da escala maior.

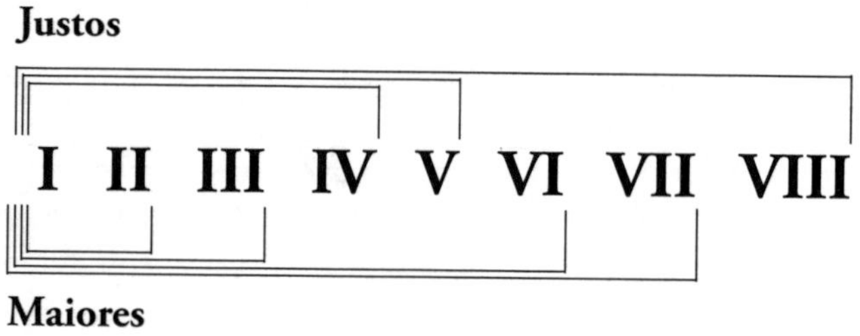
Justos
I II III IV V VI VII VIII
Maiores

Segundo o gráfico, os intervalos **maiores** são:

Do I ao II – Segunda maior.
Do I ao III – Terça maior.
Do I ao VI – Sexta maior.
Do I ao VII – Sétima maior.

Os demais intervalos são chamados **justos**:

Do I ao IV – Quarta justa.
Do I ao V – Quinta justa.
Do I ao VIII – Oitava justa.

Essa classificação é feita pelo número de tons e semitons contido num intervalo. A 2ª Maior tem 1 tom. A 3ª Maior tem 2 tons. A 4ª justa tem 2 tons e meio. A 5ª justa tem 3 tons e meio. A 6ª Maior tem 4 tons e meio. A 7ª Maior tem 5 tons e meio e a 8ª justa tem 6 tons. Decorar tudo isso é trabalhoso, e contar tons e semitons para determinar um intervalo é demorado. Por isso, usamos o seguinte recurso: tomamos a nota base do intervalo como tônica. Assim, na escala de Fá, por exemplo, temos:

Fá a Sol = 2ª Maior.
Fá a Lá = 3ª Maior.
Fá a Si♭ = 4ª justa.
Fá a Dó = 5ª justa.
Fá a Ré = 6ª Maior.
Fá a Mi = 7ª Maior.
Fá a Fá = 8ª justa.

Para classificar rapidamente os intervalos, é necessário saber bem as armaduras de clave.

Tomamos a 1ª nota como tônica da escala: 1º grau. Assim, de Fá a Lá, temos (seguindo o gráfico) uma 3ª Maior.

Classificação dos intervalos dentro da escala maior

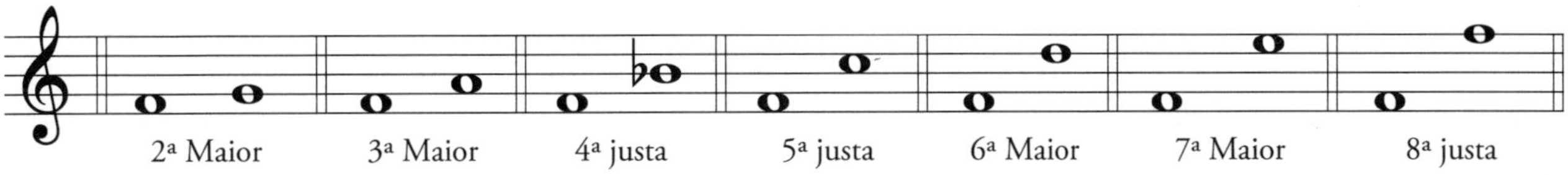
2ª Maior
3ª Maior
4ª justa
5ª justa
6ª Maior
7ª Maior
8ª justa

79. Classificar os intervalos da escala de Sol Maior:

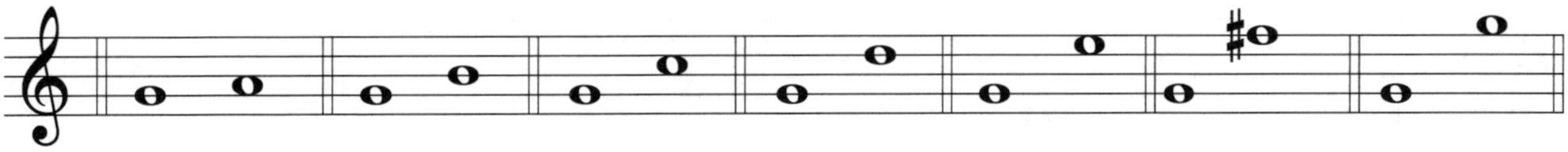

80. Classificar os intervalos da escala de Ré Maior:

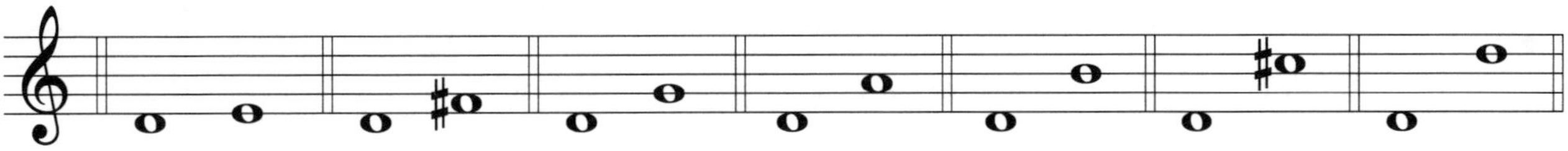

81. Classificar os intervalos:

De Maior Para Menor

Vimos que numa escala maior, encontramos intervalos maiores e justos. Mas existem intervalos menores, diminutos e aumentados. Como encontrá-los?

É muito simples. Todo intervalo MAIOR, diminuído de um semitom, fica MENOR.

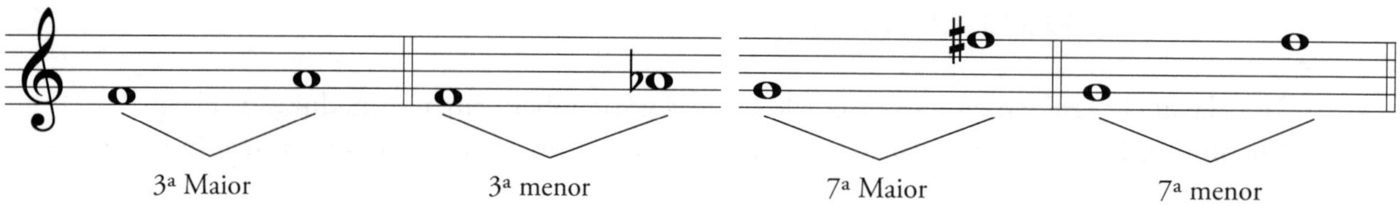

Lembre-se que a nota escrita é tomada como a TÔNICA de uma escala.

82. Complete:

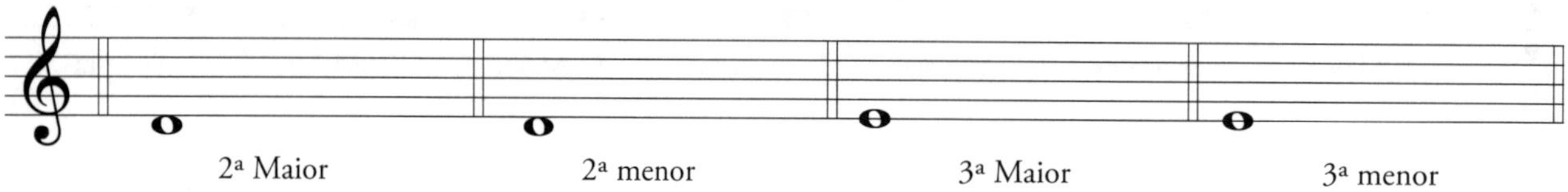

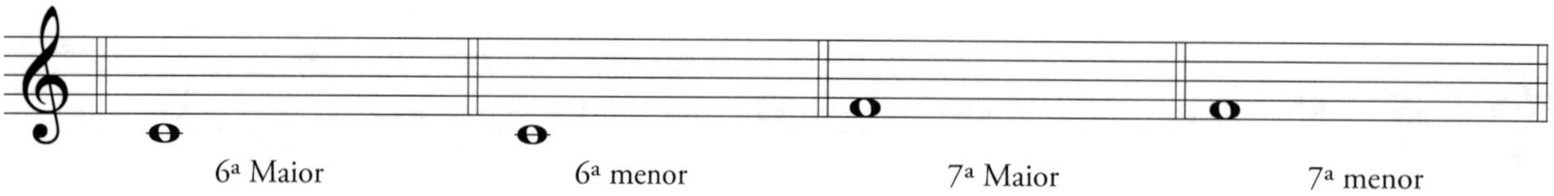

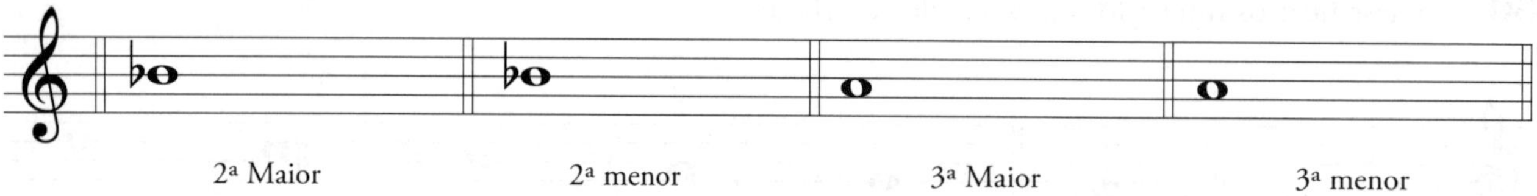

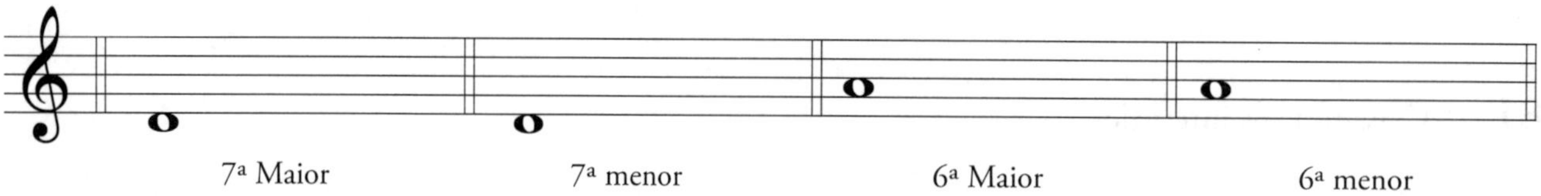

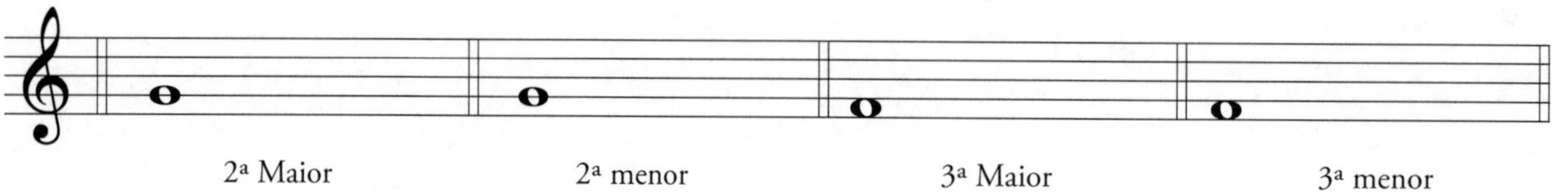

De Justo Para Diminuto

Todo intervalo JUSTO diminuído de 1 semitom fica DIMINUTO.

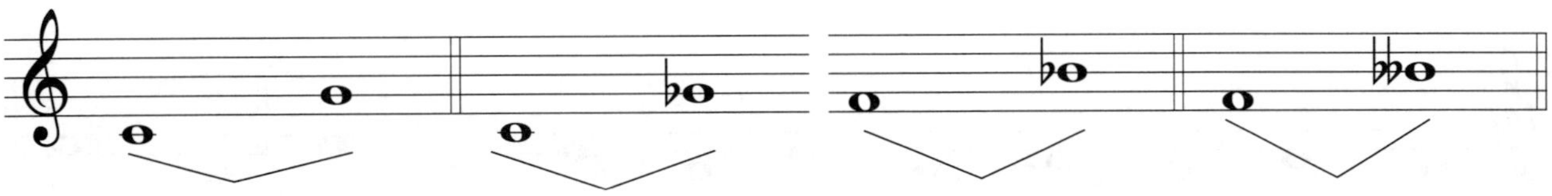

5ª justa | 5ª diminuta | 4ª justa | 4ª diminuta

83. Complete:

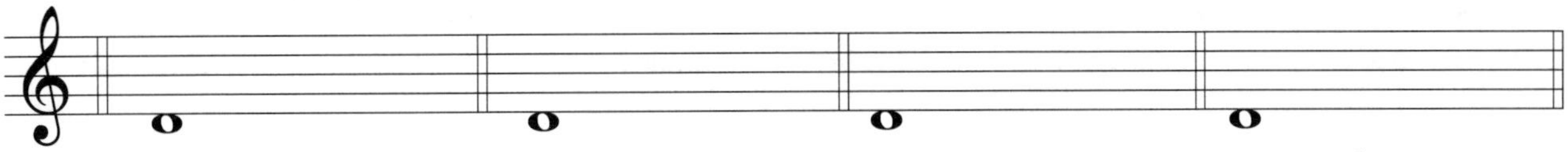

5ª justa | 5ª diminuta | 8ª justa | 8ª diminuta

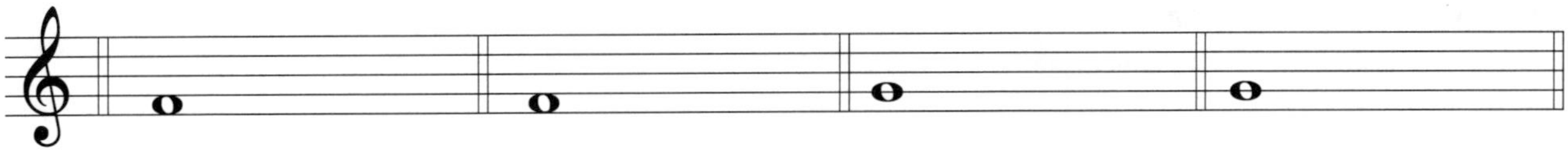

4ª justa | 4ª diminuta | 4ª justa | 4ª diminuta

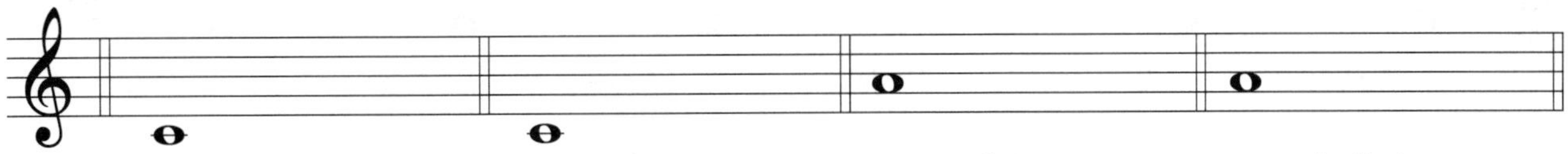

5ª justa | 5ª diminuta | 5ª justa | 5ª diminuta

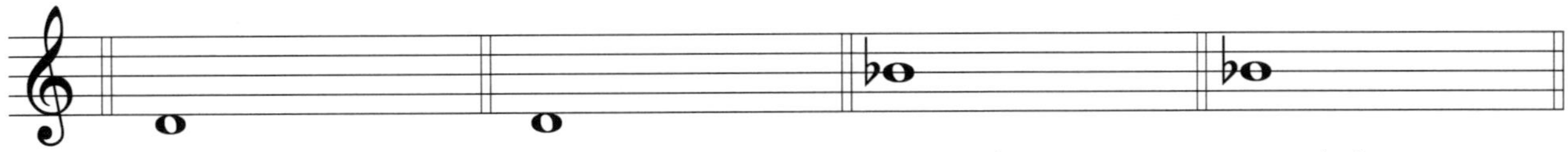

4ª justa | 4ª diminuta | 4ª justa | 4ª diminuta

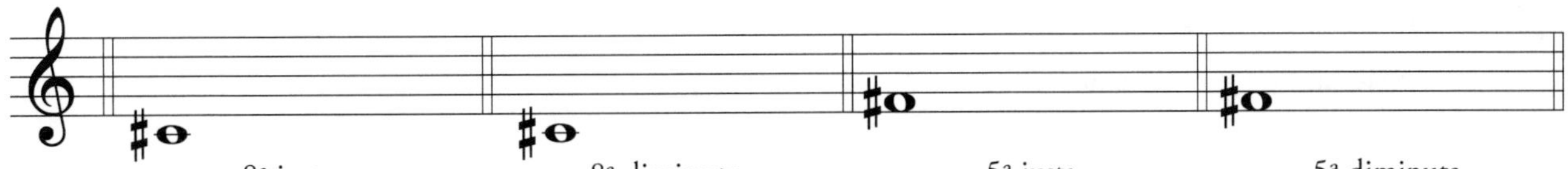

8ª justa | 8ª diminuta | 5ª justa | 5ª diminuta

Maior e Justo Para Aumentado

Todo intervalo JUSTO aumentado de 1 semitom chama-se AUMENTADO, o mesmo acontecendo com o intervalo MAIOR.

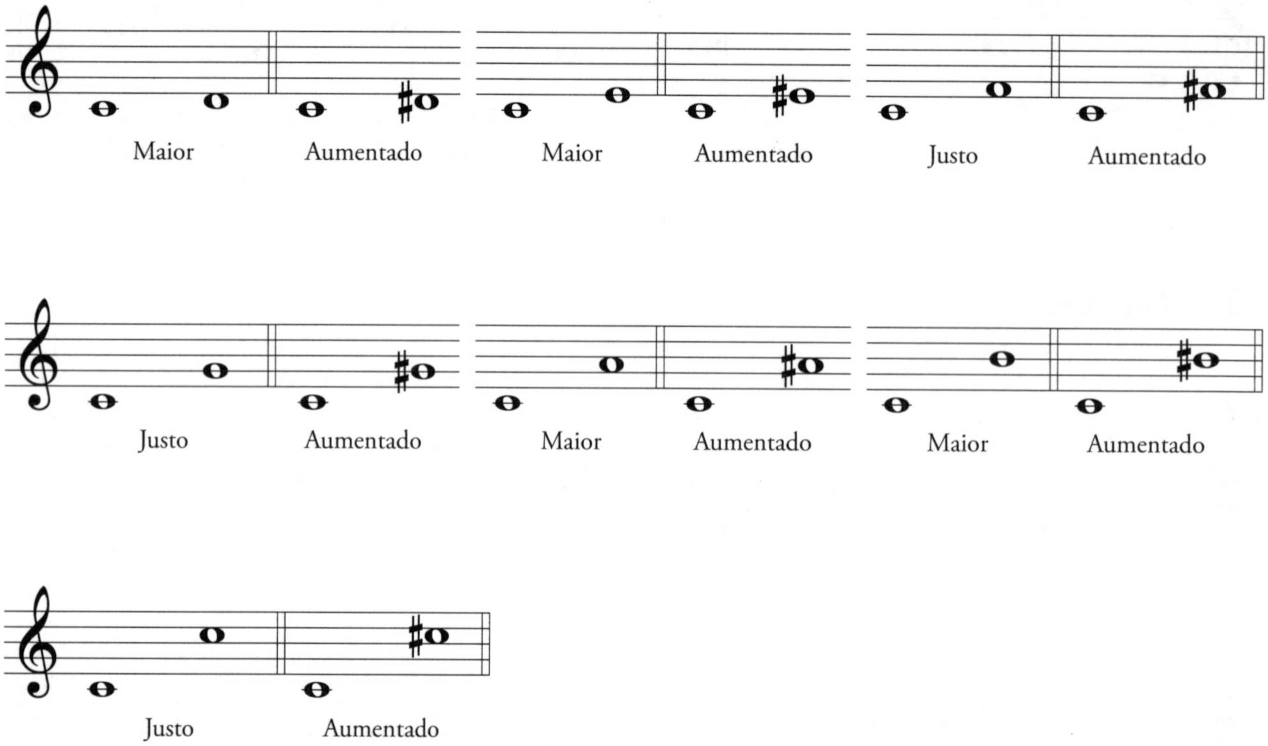

84. Complete:

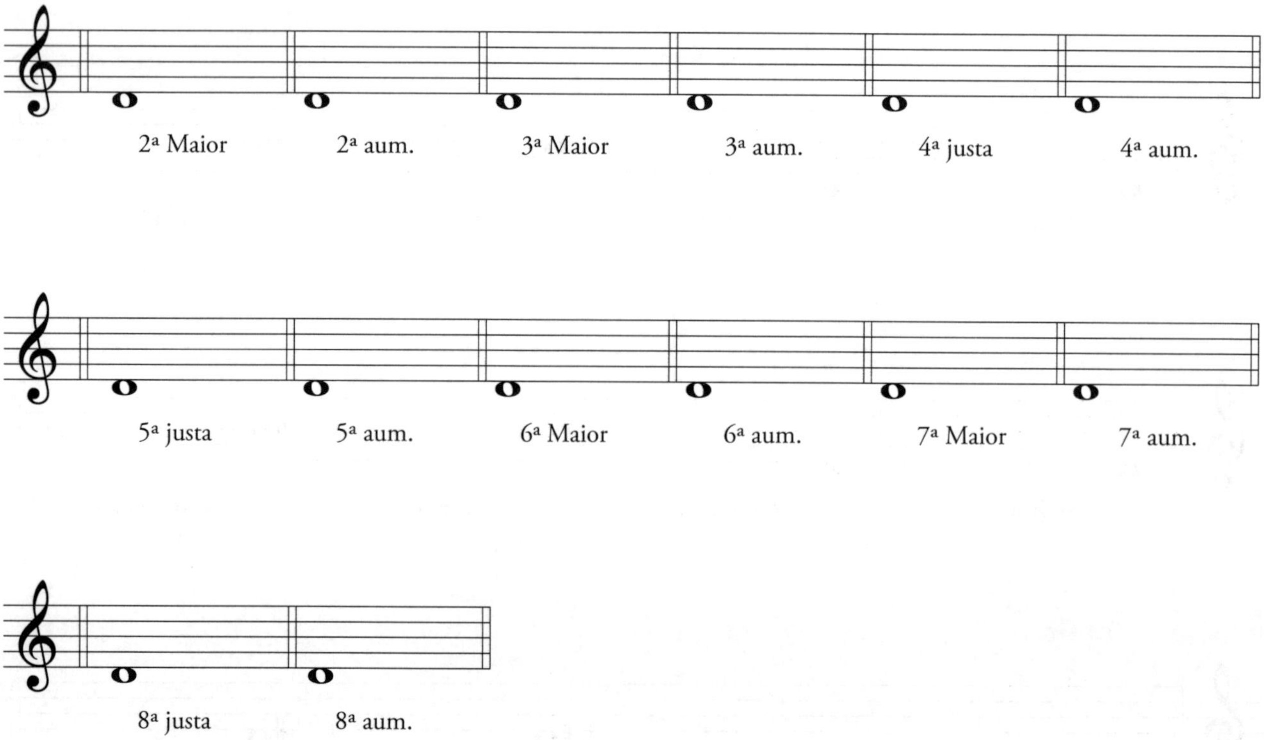

85. **Classificar**

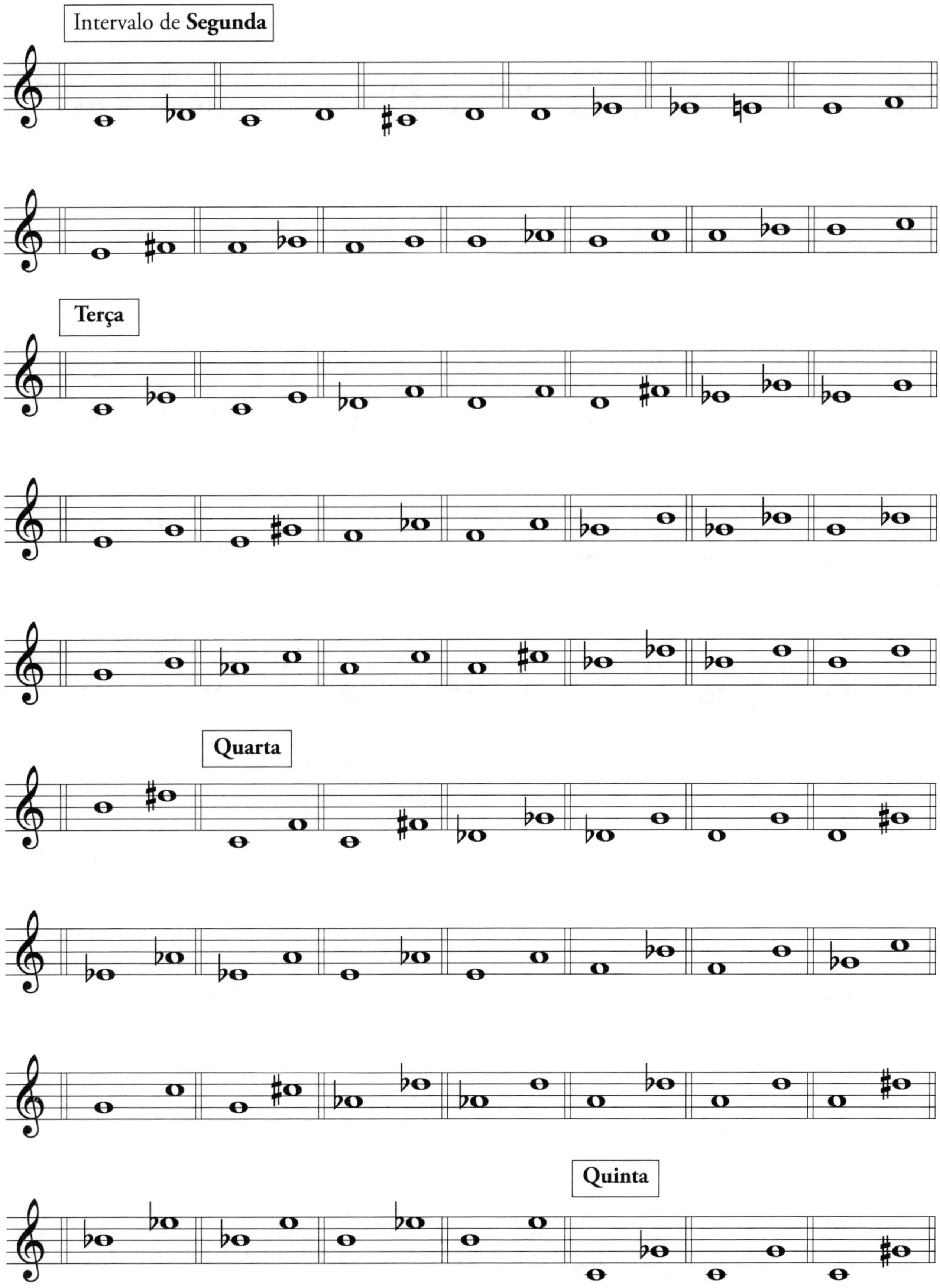

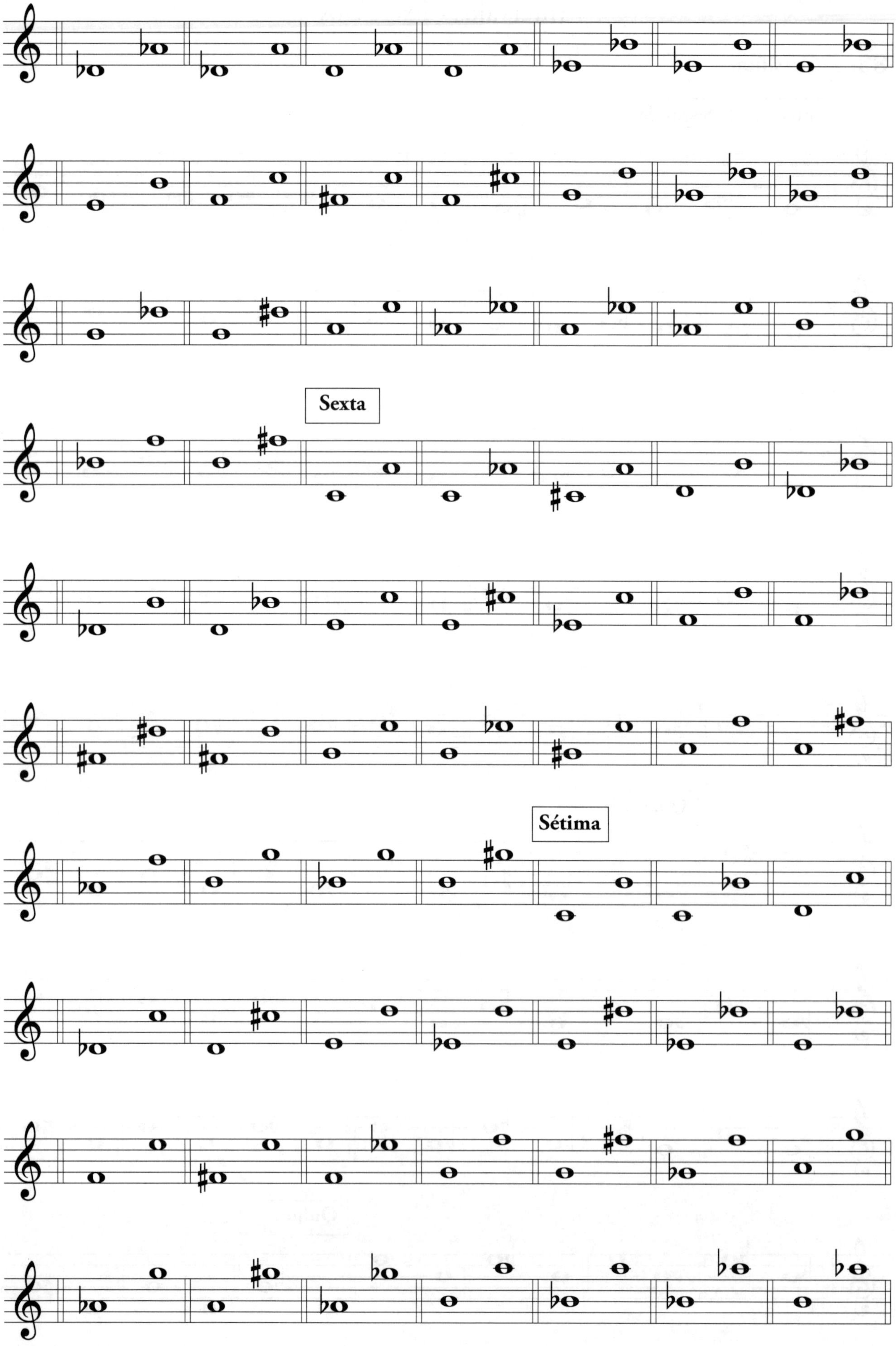
Sexta
Sétima

Classificar os Intervalos

86.

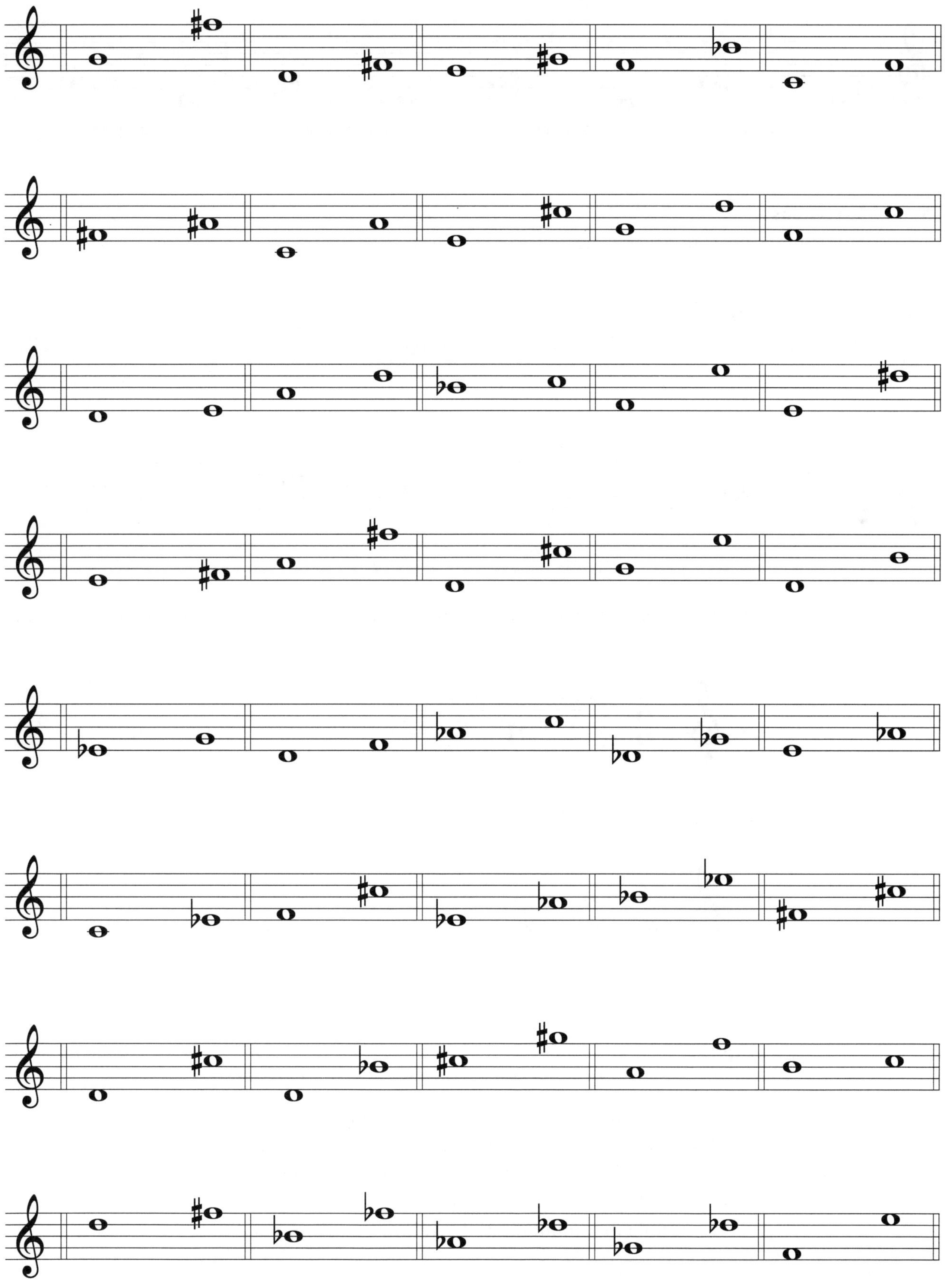

Intervalos Enarmônicos

Os intervalos aumentados são enarmônicos, ou seja, podemos substituir as notas para facilitar a leitura. Exemplos:

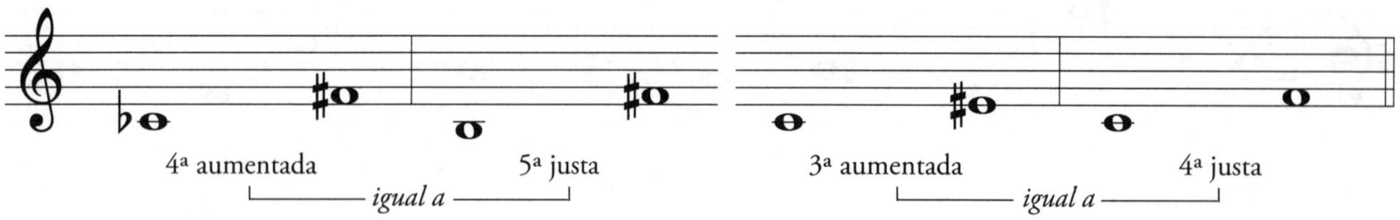
4ª aumentada
5ª justa
igual a
3ª aumentada
4ª justa
igual a

87. Exercícios

Substituir as notas por suas enarmônicas e classificar os intervalos.

Notas do intervalo tocadas simultaneamente são chamadas de HARMÔNICAS ou de intervalo HARMÔNICO.

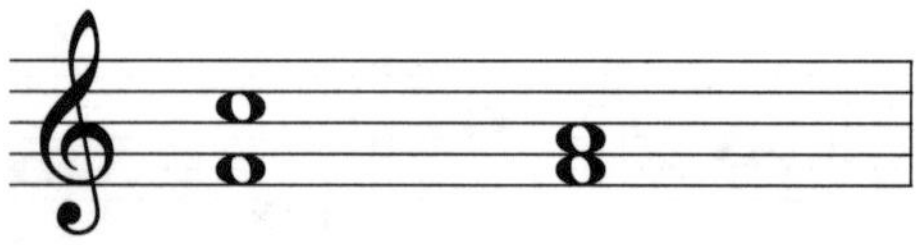

Quando tocadas separadamente, elas são denominadas de intervalo MELÓDICO.

Concluindo:

O intervalo **M** diminuído de 1 semitom fica *menor.*
O intervalo **M** acrescido de 1 semitom fica *aumentado.*
O intervalo **J** acrescido de 1 semitom fica *aumentado.*
O intervalo **J** diminuído de 1 semitom fica *diminuto.*
O intervalo **m** diminuído de 1 semitom fica *diminuto.*